Wie kommt es, dass manche einfallsreicher sind als andere? Ist Kreativität eine besondere Gabe? Wie lassen sich unsere kreativen Kräfte im Alltag entfesseln?

Lange Zeit galt die Kreativitätsforschung als ein Randgebiet der Wissenschaft. Erst seit wenigen Jahren nehmen Kognitions- und Hirnforscher den schöpferischen Prozess genauer unter die Lupe. Ihre Erkenntnisse haben zu einem neuen Verständnis davon geführt, wie die guten Ideen in unseren Kopf kommen. Der Psychologe und Bestsellerautor Bas Kast hat sich für dieses Buch auf die Suche gemacht und die Erfolgsfaktoren der Kreativität gesammelt. Er hat Dutzende von Studien ausgewertet, er ist zu Forschungsstätten gepilgert, hat mit Wissenschaftlern gesprochen, er hat Linguisten, Architektinnen und Komponisten kontaktiert und sich als Versuchskaninchen zur Verfügung gestellt. Er hat meditiert, hyperventiliert, assoziiert, er hat sein Gehirn verkabeln lassen und sein Brot andersherum geschmiert. Um die Laborbefunde einem Praxis-Tauglichkeitstest zu unterziehen, stellt Bas Kast sie in Zusammenhang mit dem Werdegang, den Arbeitsweisen oder den entscheidenden Aha-Momenten hochkreativer Menschen der Geschichte und Gegenwart, von Beethoven bis Joanne K. Rowling, von Einstein bis Mark Zuckerberg. Herausgekommen ist ein lebensnahes, inspirierendes Wissenschaftsbuch, das am Ende auch den Weg aufzeigt, die eigene, ganz individuelle Kreativität aufzuspüren.

»Kast gelingt es vorzüglich, die Ergebnisse
der Wissenschaft in eine anschauliche und gut
verständliche Sprache zu übersetzen.« dpa

Bas Kast, geboren 1973, studierte Psychologie und Biologie in Konstanz, Bochum und Boston. Eigentlich wollte er Hirnforscher werden, fand es dann aber doch verlockender, sein Leben dem Schreiben zu widmen. Er schrieb für »Geo«, »Nature« und für den »Tagesspiegel«, wo er bis 2008 Redakteur im Wissenschaftsressort war. 2004 erschien im S. Fischer Verlag sein internationaler Bestseller ›Die Liebe und wie sich Leidenschaft erklärt‹. 2007 folgte ›Wie der Bauch dem Kopf beim Denken hilft. Die Kraft der Intuition‹, 2012 ›Ich weiß nicht, was ich wollen soll. Warum wir uns so schwer entscheiden können und wo das Glück zu finden ist‹ und 2015 ›Und plötzlich macht es KLICK! Das Handwerk der Kreativität oder wie die guten Ideen in den Kopf kommen‹. In seinen Büchern versucht Kast psychologische Menschheitsthemen wie Liebe, Intuition und Kreativität mit Hilfe wissenschaftlicher Erkenntnisse neu zu beleuchten.

Weitere Informationen finden Sie auf www.fischerverlage.de

Bas Kast

UND
PLÖTZLICH
MACHT ES

KLICK!

Das Handwerk der Kreativität oder
Wie die guten Ideen
in den Kopf kommen

FISCHER Taschenbuch

5. Auflage: Juli 2021

Erschienen bei FISCHER Taschenbuch
Frankfurt am Main, Januar 2017

© 2015 S. Fischer Verlag GmbH,
Hedderichstr. 114, D-60596 Frankfurt am Main

Druck und Bindung: CPI books GmbH, Leck
Printed in Germany
ISBN 978-3-596-19842-9

Inhalt

5 Wie Sie Ihre eigene kreative Nische entdecken

Einführung: Gute Ideen sind mehr als Geistesblitze

Es war ein Februarnachmittag 2013, ich stand in einem Laborraum der Universität Nimwegen, als es bei mir *klick!* machte. Ein Computerprogrammierer vom benachbarten Max-Planck-Institut hatte mir soeben seine 30 000-Euro-Datenbrille über den Kopf gestülpt. Ein Knopfdruck, und ich würde in eine andere Welt katapultiert werden. Eine Welt, die eigens dazu geschaffen worden war, meine allzu eingefahrenen, starren Denkstrukturen aufzulockern.

Eine junge deutsche Forscherin – Sie werden sie gleich im ersten Kapitel kennenlernen – hatte verkündet, dass sich gute Ideen gezielt hervorbringen lassen. Nicht durch irgendein mystisches Verfahren, eine esoterische Reise ins Ich, sondern mit Hilfe von Technik und Wissenschaft. Ihre Hypothese: Die Routinen des Alltags, die unser Leben beherrschen, lullen das Gehirn ein. Damit wir wieder mit frischem Blick auf die Welt sehen, müssen wir unser Gehirn in Situationen versetzen, in denen es mit seinem Latein am Ende ist. Man muss das Gehirn schockieren. Die Erschütterung regt dazu an, neu zu denken, anders als zuvor, jenseits unserer alten, verkrusteten Konventionen. Wir werden, mit einem Wort, kreativer.

Ich war skeptisch. Eine Datenbrille, teurer als ein durchschnittlicher PKW, ein Laborraum gefüllt mit für das menschliche Auge unsichtbarem Infrarotlicht, und dann irgendwelche virtuellen Welten mit fliegenden Flaschen, in die ich eintauchen würde: Es klang alles ein bisschen zu sehr

nach einer Mischung aus Science-Fiction und jenem hartnäckigen Mythos, demzufolge wir nur zehn Prozent unseres Gehirnpotentials nutzen, und jetzt hätte jemand einen wundersamen Weg gefunden, den schlummernden Rest aus seinem Dornröschenschlaf zu wecken.

Ich zweifelte, kannte aber den Chef des Labors, Ap Dijksterhuis, eine Koryphäe der modernen psychologischen Forschung. Ich hatte ihn vor Jahren einmal besucht, nachdem er im angesehenen US-Wissenschaftsmagazin *Science* erstmals experimentelle Belege dafür präsentiert hatte, dass auch das Unbewusste denken kann, teils sogar besser als der bewusste Verstand.[1] Also hatte ich mich ins Auto gesetzt und war nach Nimwegen gefahren.

Ich wusste es zu dem Zeitpunkt nicht, aber mit dieser harmlosen Fahrt hatte ich mich auf eine Reise begeben, von der ich erst Monate später zurückkehren sollte – ja, ich verwickelte mich in eine Recherche, die mich von einer Forschungsstation und Fragestellung zur nächsten führte. Denn was ich in dem Labor vorfand, war nicht nur eine bizarre virtuelle Welt, in der Flaschen fliegen können und Koffer verschwinden, wenn man ihnen zu nahe kommt. Nein, ich stieß auf etwas weitaus Faszinierenderes: Ich entdeckte eine vollkommen neue Perspektive auf ein uraltes Rätsel – das Rätsel der menschlichen Kreativität.

Wie kommen wir auf gute, originelle, auf kreative Ideen? Wer sich für diese Frage interessiert, und zwar auf eine handfeste Weise, der sieht sich mit einem erschlagenden Überangebot von Tipps und Tricks, von Ratschlägen, Büchern, Kreativitätsseminaren und Innovationsworkshops konfrontiert.

Beißt man sich ein wenig durch dieses bunte Büfett hindurch, wird bald klar, dass die Grundingredienz nahezu immer die gleiche ist: Irgendjemand, ein Experte, Coach oder Guru, hat einen Algorithmus, einen Fünfpunkteplan, kurz eine »Kreativitätstechnik« mit meist exotisch-eindrucksvollem Namen in petto, die uns mehr oder weniger im Handumdrehen in die Lage versetzen soll, um die Ecke zu denken. Kreativität wird dabei fast als etwas Mechanisches dargestellt, wie die Arbeit in einer Werkstatt, und was uns fehlt – nicht aber dem Guru, praktischerweise –, ist das richtige geistige Werkzeug. Manche empfehlen zum Beispiel, sich in kleinen Gruppen verschiedenfarbige Hüte aufzusetzen (die sogenannten *Denkhüte von De Bono*), viele schwören aufs *Brainstorming*, andere aufs *Mindmapping*, auf die *Morphologische Matrix*, die *Reizwortanalyse*, die *Osborn-Checkliste*, die *Methode 635*, die *Kopfstandtechnik*, die *Walt-Disney-Methode* oder eine *Synektik-Sitzung*.

Ich bin kein militanter Gegner dieser Vorschläge. Ganz im Gegenteil glaube ich, dass es ausgesprochen gewinnbringend sein kann, Kreativität als eine Art Handwerk zu verstehen, das sich bis zu einem gewissen Grad – wenn auch aus meiner Sicht indirekt – erlernen lässt. Das Problem dieser »Werkzeuge« ist ein anderes. Erstens fällt auf, dass die allermeisten bahnbrechenden Ideen, originellen Schöpfungen und Erfindungen der Geschichte nicht mit Hilfe irgendeiner dieser Verfahren hervorgebracht wurden, polemisch ausgedrückt:

Beethovens Neunte war nicht das wohlklingende Resultat einer Synektik-Sitzung. Im wirklichen Leben scheint die Geburt des Neuen nach ganz anderen Spielregeln abzulaufen, als es diese Methoden suggerieren. Sollte uns das nicht zumindest zu denken geben?

Das aber ist noch nicht das Entscheidende. Das Entscheidende ist: Letztlich weiß niemand, was diese Techniken taugen. Ihre Erfinder haben sich nie die Mühe gemacht, ihre Wirksamkeit einer objektiven Prüfung zu unterziehen. Dort, wo Forscher dies für sie getan haben, am rigorosesten beim Brainstorming, fallen die Ergebnisse, vorsichtig formuliert, durchwachsen aus – mehr dazu in Kapitel 4. Die Wirksamkeit der herkömmlichen »Kreativitätstechniken« ist im Großen und Ganzen nicht erwiesen. Trotzdem erfreuen sie sich einer erstaunlichen Popularität.

Man könnte versucht sein, dieses Missverhältnis mit einer eigentümlichen Ignoranz der Beteiligten zu erklären. Doch es ist viel einfacher: Es liegt vor allem daran, dass lange Zeit schlicht keine Alternativen in Sicht waren. Wer sich dem schöpferischen Prozess nüchtern-sachlich nähern wollte (und nicht bereit war, sich einen Stereokopfhörer mit epileptisch anmutenden – »binauralen« – Klängen aufzusetzen, um einen okkulten Trip zum inneren Künstler anzutreten), dem blieb wohl oder übel wenig anderes übrig, als sich jenen »Kreativitätstechniken« zuzuwenden.

Diese Situation hat sich radikal geändert. In den vergangenen Jahren hat sich auch die Wissenschaft dem rätselhaften, schwer zu messenden Phänomen der Kreativität zugewandt, und zwar in nie zuvor gekanntem Ausmaß.

Schon im 20. Jahrhundert gab es die ersten Bemühungen

in diese Richtung, angefangen übrigens in den 1930er Jahren in Deutschland, unter anderem mit dem Berliner Psychologen Karl Duncker – seinem berühmten »Kerzenproblem« können Sie sich auf Seite 43 stellen. Mit der Etablierung der Kognitions- und Neurowissenschaften rückte die Kreativität dann von einem nicht ganz erstgenommenen Außenseiterthema zunehmend ins Zentrum der psychologischen Forschung. Dieser Trend hält bis heute an: Die meisten maßgeblichen Studien, die dieses Buch prägen, stammen aus den letzten drei, vier Jahren.

Das Erblühen dieser Forschung hat nicht nur zu einem neuen Verständnis von Kreativität geführt. Aus den mittlerweile unzähligen Einzelbefunden lassen sich auch erstmals empirisch überprüfbare Grundfaktoren des schöpferischen Denkens herauskristallisieren, »Erfolgszutaten der Kreativität«, wenn man so will, die ihre Wirkung unter Beweis gestellt haben.

Für dieses Buch habe ich diese Erfolgsfaktoren gesammelt und zusammengefasst. Nachdem ich einigermaßen unversehrt wieder aus Nimwegen zurückgekehrt war, habe ich mich in Dutzende und Aberdutzende von wissenschaftlichen Studien vertieft. Es erscheinen wöchentlich neue, und manche sind überzeugender als andere. Die schiere Fülle ermöglicht eine strenge Auswahl. So habe ich einen Großteil der Studien verworfen, sei es, weil sie lediglich von rein theoretischem Interesse waren oder weil die Ergebnisse (bisher) nicht bestätigt werden konnten, andere Untersuchungen wiederum waren methodisch oder inhaltlich nicht überzeugend. Dort, wo ich skeptisch war und bin und die Studie trotzdem beschreibe, werde ich diese Skepsis zum Ausdruck bringen.

Zum Glück jedoch war es nicht nur ein einsames Papierstudium, das ich betrieben habe. Ich bin zu Forschungsstätten gepilgert und habe mit den Experten diskutiert, in erster Linie Kognitionspsychologen und Hirnforschern (manche Frage führte aber auch dazu, dass ich mich an eine Linguistin, Architektin oder an einen Komponisten wenden musste). Wenn sich die Gelegenheit bot, habe ich mich den Wissenschaftlern als Versuchskaninchen zur Verfügung gestellt und an ihren Experimenten teilgenommen, um deren Effekte am eigenen Leib zu erleben – ich habe meditiert, hyperventiliert, mein Gehirn verkabeln lassen und sogar mein Brot andersherum geschmiert.

Nach und nach wurde mir vor Augen geführt, wie facettenreich und umfassend das Phänomen der Kreativität tatsächlich ist. Kreativität ist nicht etwas, das sich klischeehaft auf Künstler, Werbeleute und Designer mit dicken schwarzen Hornbrillen beschränkt. Wir sprechen von »kreativen Jobs« und »kreativen Köpfen« (vermutlich im Gegensatz zu all den vermeintlich unkreativen Jobs und den Holzköpfen, von denen es da draußen wimmelt) oder von »kreativen Hobbys«, womit wir typischerweise Aktivitäten meinen wie Malen, Basteln oder Fotografie. Dabei kann man so gut wie jeden Beruf und jedes Hobby mehr oder weniger kreativ ausüben. Wer eine Canon Eos Spiegelreflexkamera mit 50 Millimeter Festbrennweite in die Hand nimmt, ist nicht automatisch kreativ. Umgekehrt können eine Hausfrau, ein Sportler oder ein Steuerberater ebenfalls ungeheuer kreativ sein, auch wenn mein Steuerberater natürlich nicht dazugehört.

Gute Ideen sind kein Exklusivprivileg einiger weniger Ausnahmemenschen mit direktem Draht zu den Musen. Kreativ zu sein, ist eine Grundeigenschaft des Gehirns. Es gibt kein menschliches Gehirn, dem die schöpferischen Fähigkeiten, die Phantasie und der Einfallsreichtum völlig fehlen. Mit der Kreativität verhält es sich eher so wie mit dem Körpergewicht: Manche mögen ein paar Kilo mehr auf die Waage bringen als andere, aber es gibt keinen Menschen ohne Körpergewicht, und es handelt sich dabei auch nicht um eine ein für alle Mal fixierte Größe.

Dies ist die Grundannahme der Kreativitätswissenschaft, und sie wirft unweigerlich Fragen auf: Wenn Kreativität in jedem Gehirn angelegt ist, warum sind manche Menschen dann trotzdem einfallsreicher als andere? Entstehen schöpferische Leistungen hauptsächlich durch hartnäckiges Üben, aus Schweiß und fachlicher Expertise? Oder ist es umgekehrt: Sind wir als Kinder alle kreativ, werden dann aber Stück für Stück zum Konformismus erzogen? Und wenn ja, wie ließe sich gegensteuern? Was kann man tun, um die eigene Phantasie zu entfesseln?

Für die Beantwortung dieser und vieler weiterer Fragen werde ich mich zwar primär auf wissenschaftliche Untersuchungen stützen, die Wissenschaft ist aber nicht die einzige Erkenntnisquelle, die ich verwenden werde. Um die Laborbefunde gewissermaßen einem Praxistauglichkeitstest zu unterziehen, habe ich sie, wo immer es möglich war, mit Beobachtungen aus dem Leben abgeglichen, etwa mit Erkenntnissen über den Arbeitsstil hochkreativer Menschen. Ziel ist es, das wissenschaftlich Stichhaltige mit dem praktisch Umsetzbaren zu kombinieren.

Dazu ein Beispiel: Mehrere neue Experimente offenbaren, dass sich kreative Aha-Erlebnisse vor allem in jenen Momenten einstellen, in denen wir uns entspannen und mental loslassen. Unser Gehirn geht dann in einen ganz bestimmten Aktivitätsmodus über, einen »Offline-Modus«, den wir uns in Kapitel 2 noch genauer ansehen werden. In diesem neuronalen Bummelzustand, der unsere Gedanken auf eine spontane Wanderschaft schickt, greift unsere Phantasie Raum: Ungewöhnliche Assoziationen und Einfälle bekommen nun am ehesten eine Chance, in unserem Kopf aufzublitzen. Kein Wunder also, dass viele hochkreative Menschen aus den unterschiedlichsten Zeiten, Kulturen und Disziplinen – von Tschaikowski bis Haruki Murakami – häufig bewusst längere Pausen in ihren Arbeitsalltag eingebaut haben und einbauen, oft in Form eines (stundenlangen) Spaziergangs. Diese Pausen werden von ihnen als essentieller Teil der Arbeit verstanden. Sie sind tatsächlich eine »Kreativitätstechnik«, die auch Beethoven nutzte, und zwar täglich, und das aus guten Gründen.

In den ersten Kapiteln werde ich so die generellen »Gesetze« der Kreativität beleuchten, wie sie sich aus zahlreichen Tests und Einzelbeobachtungen destillieren lassen. Kreativität aber ist von ihrem Wesen her etwas höchst Individuelles. Sie manifestiert sich in jedem von uns auf einmalige Weise. Man kann den raffiniertesten Strategien folgen, die sich im Allgemeinen als noch so vielversprechend herausgestellt haben – sie werden nur begrenzt nützen, solange eine ausschlaggebende Zutat fehlt. Um uns über diesen Kreativitätsfaktor Klarheit zu verschaffen, werden wir zum Schluss einen Blick auf den Werdegang einiger besonders schöpferischer Menschen werfen: Wie haben sie zu ihren Höchstleistungen gefunden? Was können wir von ihren Erfolgsgeheimnissen lernen?

Sie werden sehen: Die kreativen Kräfte freizusetzen ist weit mehr als das Anwenden einer Technik, weit mehr auch als ein spontaner Geistesblitz. Es verlangt eine gewisse Experimentierfreude, die Bereitschaft, bis an die Grenzen der eigenen Fähigkeiten zu gehen und vielleicht noch einen Tick darüber hinaus (das heißt, die Bereitschaft, mit seinen Versuchen gelegentlich danebenzuliegen und zu scheitern). Wie sich das realisieren lässt und worin die entscheidende Kreativitätszutat genau besteht, das erfahren Sie im letzten Kapitel.

1

DAS UNGEWOHNTE
BEFLÜGELT
DIE PHANTASIE

Eine Cafeteria mit schockierendem Angebot

Da stehe ich also, im Virtual-Reality-Labor der Universität Nimwegen, die Datenbrille auf dem Kopf. Der Computerprogrammierer Jeroen Derks vom benachbarten Max-Planck-Institut für Psycholinguistik dreht an einem Knopf, wodurch das Brillenungetüm, eine Art überdimensionierte Hightech-Skibrille, fester und fester um meinen Schädel gespannt wird. Dann erklärt er mir die Technik: Sechzehn Wärmelampen füllen den 8 mal 6 Meter großen Laborraum mit Infrarotlicht. Die Lampen fungieren zugleich als Kameras, die jede Lichtreflektion im Raum registrieren. Hinten an meiner Brille sind fünf Reflektoren befestigt, die aussehen wie die Fühler von Biene Maja. Je nachdem, wo sich mein Kopf befindet und wie er sich neigt, senden die Reflektoren eine einmalige, positionsspezifische Lichtspiegelung an die Kameras.

Diese Daten wiederum werden an den Laptop weitergeleitet, den ich in einem Rucksack mit mir herumschleppe und der aus unerfindlichen Gründen mindestens zehn Kilo wiegt. Aufgrund der Lichtinformationen bestimmt die Laptopsoftware blitzschnell meine Kopfposition im Raum und überträgt die dazugehörigen Videobilder auf die zwei kleinen Displays der Datenbrille. Das Resultat: Vor meinen Augen erscheint eine verblüffend echt wirkende virtuelle Welt, dreidimensional und perfekt abgestimmt auf jede meiner Kopfbewegungen – schon ein geringfügiges Drehen, und das Bild dreht sich zeitgleich mit.

»Sind Sie bereit?«, fragt eine Frauenstimme. Es ist die Stimme von Simone Ritter.

Simone Ritter ist diejenige, die sich das Experiment, an dem ich gleich teilnehmen werde, ausgedacht hat. Vor zehn Jahren verschlug es die Psychologin nach Holland, eine deutsche Studentin auf der Flucht vor dem Numerus clausus. Inzwischen ist die junge Frau – sie ist 31 – Juniorprofessorin an der Universität Nimwegen. Ritters Forschungsmission besteht darin, herauszufinden, wie wir Menschen auf neue Ideen kommen. Wie gelingt es dem Gehirn, aus seinen herkömmlichen Denkmustern auszubrechen und ungewöhnlichere Einfälle als sonst hervorzubringen? Und vor allem: Lässt sich dieser Kreativprozess von außen anregen?

Einige Monate hatte Ritter vergeblich über Fragen wie diese gegrübelt, als ihr 2010 auf einem Kongress in Las Vegas, knapp 9000 Kilometer von der Heimat entfernt, plötzlich das Virtual-Reality-Labor ihrer Universität in den Sinn kam. Wieder zurück in Nimwegen, kontaktierte sie den Computerexperten Derks, und Ritter machte sich an die Arbeit. Sie entwarf einen Versuch mit dem Ziel, sich dem Mysterium des schöpferischen Denkens empirisch-experimentell zu nähern.

Jeroen Derks hat mich per Knopfdruck in eine Computersimulation der Uni-Cafeteria versetzt (das reale Vorbild befindet sich gleich um die Ecke). Ich wandere ziellos umher, sehe mich um. Zahlreiche Tische mit Stühlen. Links ein langer Holztisch mit Bierbänken, im Hintergrund die Theke mit Espressomaschine, rechts daneben ein Snackautomat.

Fast bin ich versucht, mir einen simulierten Cappuccino

zu bestellen, da erblicke ich auf dem langen Holztisch einen Koffer, den ich mir genauer ansehen will. Komischerweise wird der Koffer, je mehr ich mich ihm nähere, immer kleiner. Als ich ganz nah bin und mir den Koffer schnappen möchte (er ist inzwischen auf die Größe eines Handys geschrumpft), verschwindet er. »Uups«, sage ich enttäuscht.

»Der ist ja auch nicht zum Mitnehmen da«, höre ich die Stimme von Jeroen Derks.

Gleich darauf geschieht wieder etwas Merkwürdiges: Bei jedem Schritt, den ich mache, fliegt der Raum an mir vorbei. Es ist, als sei ich in Siebenmeilenstiefel geschlüpft, und ich fege durch die Cafeteria.

Als Nächstes erscheint ein rotes Spielzeugauto auf dem Holztisch sowie, am Tischrand, eine grüne 7up-Flasche. Abermals gehe ich zum Tisch, woraufhin das Auto auf die Flasche zufährt und sie umstößt. Ich springe zur Flasche, will sie auffangen, die Flasche jedoch fällt nicht zu Boden, sondern steigt in die Luft wie ein Fesselballon, sie steigt und steigt – und stößt schließlich an die Decke, wo sie hängen bleibt. Ich starre auf die schwebende Flasche.

Was soll das?

»Na, wie fühlen Sie sich?«, fragt Simone Ritter.

Wie ich mich fühle? Schwer zu sagen. Wie in einem Traum? Wie Alice im Wunderland? Oder nein, eher wie in dem Film *Inception* des Regisseurs Christopher Nolan, in dem Leonardo DiCaprio durch eine Pariser Straße geht. Auf einmal bäumt sich das Ende der Straße hoch und bricht mitsamt den Häusern über Leonardo DiCaprio hinweg wie eine Meereswelle. Es ist ein Traum, ein virtuelles Paris. So ungefähr, schätze ich, fühle ich mich. Wie die Figur im Film.[2] Die Realität ist absurd und das Absurde auf unheimliche Weise

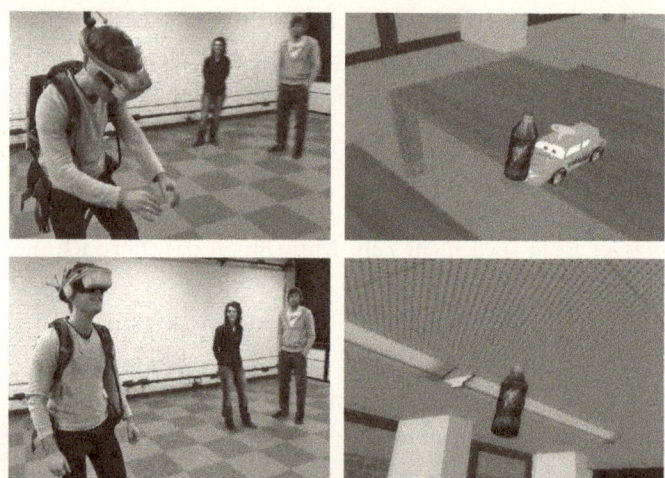

▬▬▬ Links: Zu Besuch im Virtual-Reality-Labor der Universität Nimwegen, im Hintergrund die Kreativitätsforscherin Simone Ritter und der Computerprogrammierer Jeroen Derks (an den schwarzen Stangen unten und oben an der Wand sind die Infrarotkameras befestigt). Rechts die Simulationen, die ich in diesem Moment sehe.

real geworden, was den Realitätssinn verunsichert wie ein Erdbeben den Gleichgewichtssinn.

Ich nehme die Datenbrille vom Kopf und bin zurück im kargen Laborraum. Simone Ritter blickt mich mit einer Begeisterung an, als hätte sie ihr Experiment zum ersten Mal vorgeführt. »Wären Sie eine echte Testperson, käme jetzt der entscheidende Teil«, sagt sie.

Ritter hat bereits Dutzende von Versuchskaninchen – Studenten der Universität Nimwegen – in der virtuellen Cafeteria umherwandern lassen. Eine Gruppe, die Kontrollgruppe, erkundete eine Cafeteriaversion, in der alles brav den Regeln der Physik gehorchte: Näherte man sich dem

Koffer, wurde er optisch größer, nicht kleiner. Man ging nicht plötzlich wie mit Riesenschritten durch den Raum. Wurde eine Flasche umgestoßen, fiel sie ordnungsgemäß zu Boden, und auch sonst verhielt sich der Ort, wie es sich für eine Cafeteria gehört. So, wie man das von einer Uni-Cafeteria eben erwartet.

Eine andere Gruppe dagegen erlebte, wie ich, die *Inception*-Cafeteria, in der die Forscher die Gesetze der Physik aus den Angeln gehoben hatten. Der Hintergedanke dabei: Wer wiederholt mit Situationen konfrontiert wird, die klar gegen die Erwartungen des Gehirns verstoßen, dessen Denkstrukturen werden systematisch aufgelockert.

Betreten wir eine Cafeteria, schaltet sich eine Art mentaler Autopilot in uns an: Wir sehen die Theke und Tische und Stühle, und unwillkürlich aktivieren diese Eindrücke in unserem Gehirn weitverzweigte »Cafeteria-Netzwerke«, die uns dabei helfen, uns auf Anhieb in der Situation namens Cafeteria zurechtzufinden. Man bezeichnet diese Netzwerke in unserem Kopf als mentale Modelle, Prototypen oder »Schemata«.

Schemata können sich auf Objekte oder Räume mit einem gewissen Standardlayout beziehen, man nennt sie dann auch »Frames«.[3] Eine Cafeteria zum Beispiel hat üblicherweise eine Theke, auf der Speisen stehen, davor erstreckt sich in der Regel ein Bereich mit Tischen und Stühlen et cetera. Das Cafeteria-Frame kodiert dieses grobe Layout in unserem Kopf wie einen gedanklichen Grundriss. Jeder, der eine Cafeteria, ein Restaurant oder einen Supermarkt betritt, hat, den Frames sei Dank, sofort eine Orientierung, wo sich was befinden könnte.

Andere Schemata speichern typische Handlungsabläufe, »Skripts«: In einer Cafeteria werden wir, im Gegensatz zu einem Restaurant, nicht bedient, wir müssen selbst mit einem Tablett zur Theke, und am Ende der Theke erwartet uns dann eine Kasse, wo wir bezahlen.

Für so gut wie jede Situation, in die wir öfter geraten, bildet das Gehirn ein Schema, das uns in Zukunft beim Meistern der Situation beispringt. Sagen wir, Sie stehen vor der Herausforderung, sich an Bord eines Flugzeugs begeben zu müssen. Spätestens sobald der Aufruf erfolgt, wird in Ihrem Vielfliegerhirn ein »Boarding-Skript« angeworfen, ein maßgeschneidertes kognitives Drehbuch, mit dessen Hilfe Ihr Gehirn das, wie jeder weiß, höchst anspruchsvolle, nervenaufreibende Manöver in den Griff zu bekommen versucht (praxisbewährter Skriptablauf: so schnell wie möglich mit dem bleischweren Handgepäck zum Gate eilen und sich in die Schlange drängeln, anschließend mindestens eine Viertelstunde warten, bis es wirklich losgeht, diese Zeit nutzen, um die plötzlich spurlos verschwundene Bordkarte aufzustöbern, während ein Reisekollege hinter Ihnen seinen Koffer liebevoll in Ihre Wade drückt, in der wohlbegründeten Hoffnung, dass es dann schneller vorangeht …).

Frames und Skripts machen uns effizient: Sobald das Gehirn die relevanten Routinenetzwerke hochgefahren hat, ist die Situation für uns eingeordnet, und die erforderlichen Verhaltensschritte laufen ab, ohne dass wir jetzt noch ausführlich nachdenken müssten. Wer zerbricht sich morgens beim Aufstehen den Kopf darüber, worin seine nächsten Schritte bloß bestehen könnten? Niemand, der am selben Tag noch etwas zustande bringen will. Stattdessen folgen wir einfach unseren vertrauten Aufsteh- und Frühstücks-Skripts. Ein Großteil unseres Alltags lässt sich auf diese Weise überstehen.

Die Schema-Vorgehensweise stößt erst an ihre Grenzen, wenn die Situation, in die wir geraten, nicht standardmäßig, sondern ungewöhnlich, wenn sie neu ist. Wenn zur Einschätzung und Bewältigung unserer Lage keine Skript-Schablone, sondern eine Spur mehr Kreativität gefragt ist. »Um das kreative Denken zu fördern, hilft es, das Gehirn mit Ungewöhnlichem zu konfrontieren«, sagt Ritter. »In ungewöhnlichen Umgebungen macht das Gehirn die Erfahrung, dass es mit seinen herkömmlichen Schemata nicht weiterkommt.«

Wie zum Beispiel in der absurden Cafeteria: Beobachten wir, wie eine Flasche von einem Tisch gestoßen wird, weckt das in unserem Kopf automatisch jene Schemata, mit denen wir den Vorgang fallender Objekte erfassen. Fast können wir vor unserem geistigen Auge sehen, wie die Flasche am Boden zerschellt. Statt aber dem gedanklichen Drehbuch zu folgen, steigt die Flasche in der absurden Cafeteria in die Luft. Das Gehirn ist irritiert, verblüfft. Offenbar scheinen seine alten Interpretationen, auf die es sich sonst immer verlassen konnte, nicht zu greifen. Es muss anfangen, die Situation neu zu deuten, es muss versuchen, einen neuen Sinn zu konstituieren – jenseits von konventionellen Schemata.

Mit anderen Worten: Die Testpersonen aus der ungewöhnlichen Cafeteria müssten, angeregt durch den wiederholten Schemaverstoß, eigentlich einen kurzfristigen Kreativschub erfahren. Falls die Theorie stimmt.

Um das zu prüfen, rückte Ritter den Kandidaten unmittelbar nach dem Cafeteria-Ausflug mit einem kleinen »Kreativitätstest«[4] zu Leibe, der in diesem Fall aus einer einfachen Frage bestand: Was macht Geräusche? Die Aufgabe lautete, binnen zwei Minuten so viele Antworten wie möglich zu liefern.

Zwei unabhängige Gutachter – die natürlich nicht wussten, wer welche Cafeteria-Version erlebt hatte – sahen sich die Antworten der Testpersonen an und werteten sie aus.

Es kam tatsächlich so, wie Ritter es vermutet hatte: Die Teilnehmer, deren Schemata kurz zuvor von der bizarren Cafeteria erschüttert worden waren, schnitten beim Kreativitätstest eindeutig besser ab. Ihre Ideen zeugten von größerer geistiger Wendigkeit. Ihre Beispiele blieben nicht auf einige wenige Kategorien beschränkt (Auto, Bus, Flugzeug und Motorrad etwa wären allesamt Krachmacher aus der Kategorie Verkehrsmittel), sondern waren, verglichen mit denen der Kontrollgruppe, vielfältiger. So kamen die Testpersonen, neben den üblichen Verkehrsmitteln, beispielsweise auch darauf, dass Insekten Geräusche von sich geben können, ebenso wie eine Uhr, fließendes Wasser oder Töpfe, die gegeneinanderstoßen. »Das Denken der Versuchspersonen aus der ungewöhnlichen Cafeteria verlief mehr in unterschiedliche Richtungen, es war flexibler geworden«, sagt Ritter. Das Erlebnis Schemaverstoß hatte ihre Phantasie entfesselt.[5]

Kreativer frühstücken

Über das konkrete Resultat hinaus weist Ritters Versuch auf ein Prinzip hin, das allgemeiner Art ist und die übliche Sicht auf das Phänomen Kreativität deutlich erweitert, in mancher Hinsicht sogar radikal umkehrt. Schließen Sie bitte für einen Moment die Augen und lassen sich das Thema Kreativität durch den Kopf gehen. Was fällt Ihnen spontan dazu ein?

Ich bin in den letzten Monaten sämtlichen Freunden und Bekannten – sowie den Bekannten meiner Bekannten – mit dieser Übung auf die Nerven gegangen. Die Assoziationen gehen in die unterschiedlichsten Richtungen. Viele beschreiben spezifische kreative Tätigkeiten (fast immer mit dabei: »malen«) oder nennen Teilaspekte, Synonyme und Definitionen wie »Erfindung«, »originell und unerwartet«, »irgendwie anders«, »Ideen« …

Wenn man etwas nachbohrt, stellt man fest, dass die meisten von uns Kreativität mit Künstlern, Designern und Werbeleuten in Verbindung bringen, nicht wenige auch mit Kindern. Gelegentlich werden große Namen genannt – Beethoven, Picasso, Einstein, Steve Jobs, Namen, die verraten, dass wir bestimmten Wissenschaftlern (solchen, die auch mal die Zunge rausstrecken) sowie milliardenschweren Unternehmern in bunten Sneakers ebenfalls ein hohes Maß an Kreativität zuschreiben.

Worauf es mir hier vor allem ankommt, ist Folgendes: Von den Einzelheiten abgesehen, verraten viele der genannten Beispiele, dass wir Kreativität für eine *Eigenschaft* halten, die gewissen Menschen oder Menschengruppen innewohnt. Künstler und Kinder sind in unseren Augen kreativ, ebenso wie einige begnadete Ausnahmefiguren, die wir als »Genies« oder »Querdenker« bezeichnen. Fragt man Wikipedia, erhält man eine etwas breiter gefasste, aber im Kern doch ähnliche Antwort. Der erste Satz zum Eintrag Kreativität dort lautet: »Kreativität ist eine Eigenschaft lebender Systeme.«[6]

Ritters Cafeteria-Experiment dagegen lenkt den Blick auf eine ganz andere Quelle der Kreativität. Der Versuch führt uns vor Augen, dass es zu kurz greift, den Ursprung der Inspiration nur innerhalb einer Person, innerhalb von *uns* zu suchen: Wie flexibel wir denken, hängt offenbar nicht nur von einer Eigenschaft ab, die wir haben oder womöglich auch nicht, sondern maßgeblich auch vom *Umfeld, in dem wir uns gerade aufhalten.* Die Befunde aus dem Virtual-Reality-Labor legen nahe, dass es Umgebungen gibt, die unseren Einfallsreichtum wecken oder regelrecht beflügeln können (und umgekehrt). Die Resultate suggerieren damit zugleich, dass jeder von uns flexibler denken könnte, würden wir unser Gehirn nur ab und zu schemaverstoßenden Situationen aussetzen.

Das klingt natürlich gut, das klingt ermutigend. Leider gibt es auch gleich eine schlechte Nachricht. Sie lautet: Die Schemaverstöße werden im Laufe unseres Lebens nahezu zwangsläufig seltener.

Ein Baby, das zum ersten Mal auf die Welt blickt, kennt keine Routine: Alles ist neu, alles ist ungewohnt. Die ganze Welt gleicht einer hochgradig skurrilen Cafeteria. Als Kind mussten wir die unzähligen Schemata im Kopf, mit denen wir den Alltag mittlerweile so mühelos meistern, ja erst noch bilden. Die vorläufigen Schemata – besser: die ziemlich wackligen Hypothesen –, mit denen Kinder auf die Welt zugehen, werden andauernd von der Wirklichkeit widerlegt. Der Verstoß gegen die eigenen Vermutungen ist die Regel, nicht die Ausnahme. Kinder sind ständig überrascht beziehungsweise wundern sich auch über die verrücktesten Sachen nicht mehr als sonst, weil sie von Wundern umgeben sind.

Je mehr wir mit der Welt interagieren, desto präziser wird unsere kognitive Maschinerie auf die Wirklichkeit abgestimmt. Mit jeder Erfahrung werden unsere Schemata umfangreicher und genauer. Irgendwann funktionieren die ganzen Frames und Skripts in unserem Kopf reibungslos. Überraschungen, Schemaverstöße? Gehören zunehmend der Vergangenheit an.

Zugespitzt könnte man sagen, dass wir Erwachsenen uns die Welt gar nicht mehr richtig ansehen müssen. Unsere Schemata sind fertiggestellt. Wären sie nicht aus Eichenholz geschnitzt, sie würden glatt anfangen zu rosten. Unsere Augen mögen geöffnet sein, nur wir sehen nicht mehr wirklich hin, so wie wir als Kind hingesehen haben. Meist reicht ein flüchtiger Blick, und wir können getrost auf Autopilot schalten: Unsere perfekten kognitiven Modelle manövrieren uns ohne größere Zwischenfälle durch den Tag.

Vor diesem Hintergrund erscheint es vielleicht gar nicht so erstaunlich, dass wir im Durchschnittsalltag hinter unseren schöpferischen Möglichkeiten zurückbleiben: Unser Leben und auch unsere Arbeit behelligen uns mit einer bekannten Situation nach der anderen. Unser Alltag ist Routine, ist allzu *schemabestätigend* geworden. So, wie man sich eigentlich hin und wieder ins Fitnessstudio begeben sollte, um nicht einzurosten, müssten wir, unserer geistigen Beweglichkeit zuliebe, gelegentlich in schemaverstoßende Welten eintauchen, um unsere eingefahrenen Denkstrukturen zu trainieren, besser gesagt, zu schockieren. Blöd nur, dass nicht jeder von uns im Hobbykeller zufällig ein Virtual-Reality-Labor eingebaut hat.

Zum Glück aber ist das, wie sich herausstellt, gar nicht nötig. Wie weitere experimentelle Befunde von Simone Ritter und anderen Forschergruppen demonstrieren, lassen sich an den unscheinbarsten Stellen des Alltags schemaverstoßende Erlebnisse einbauen, die unser Oberstübchen auf Trab bringen. Das kann bereits beim Frühstück anfangen.

So bat Simone Ritter in einem Versuch eine Reihe von Testpersonen an den Laborfrühstückstisch und ließ sie Brote schmieren. In den Niederlanden gibt es eine Delikatesse, die schätzungsweise 100 Prozent der Holländer als absolut unwiderstehlich empfinden – es ist das sogenannte boterham met hagelslag (ein Butterbrot mit Schokostreuseln). Die Zutaten für diesen ultimativen Gaumenkitzler befinden sich standardmäßig in jeder holländischen Küche, die etwas auf sich hält, und da ich gerade in den Niederlanden lebe[7], kann ich mal eben ohne großen Aufwand ein solches »boterham« zubereiten.

Oben ist die übliche Skriptfolge für das perfekte boterham met hagelslag abgebildet: Man nehme eine Scheibe Brot, beschmiere sie mit Butter und streue dann ordentlich Schokostreusel drauf. Skriptende.

Für jeden Nichtniederländer, Kinder ausgenommen, stellt vermutlich schon der bloße Gedanke an ein Brot mit Schokostreuseln einen unverzeihlichen Schema- und Geschmacksverstoß dar. Echte Holländer jedoch stutzen erst bei jener verrückten Zubereitungsmethode, die Simone Ritter einem Teil ihrer Testpersonen aufnötigte: Diese Experimentalgruppe sollte ihr Brot, im Gegensatz zur Kontrollgruppe, nicht so schmieren, wie es sich gehört – stattdessen bekam sie die Instruktion, zuerst die Schokostreusel auf einen Teller zu streuen, dann das Brot mit Butter zu beschmieren und zum Schluss die bebutterte Scheibe in die Streusel zu tunken.

Beißt man hinein, schmeckt das Endprodukt identisch, für das Gehirn jedoch, wenigstens für das in Holland sozialisierte, schmeckt die zweite Zubereitungsmethode nach eklatantem Schemaverstoß. Die erhoffte Folge: Die eingenickten Hirn-Netzwerke sollten wieder aufgewacht sein.

Um den Nachweis zu erbringen, gab es im Anschluss an das Broteschmieren, wie gehabt, eine Kreativitätsübung, genau genommen, sogar zwei. Simone Ritter fragte diesmal nicht nur nach Geräuschen, sondern konfrontierte die Teilnehmer zusätzlich mit folgendem Klassiker der Kreativitätsforschung: Was lässt sich alles mit einem Ziegelstein anstellen?

Man könnte meinen, dass etwas dermaßen Unspektakuläres wie die Zubereitung eines Frühstücksbrots kaum die Kraft haben dürfte, unser Gehirn zu beeinflussen, geschweige denn in Schwung zu bringen. Und doch war genau das der Fall. Die Effekte traten statistisch gesehen teils sogar noch klarer zutage als beim Virtual-Reality-Versuch: Jene Testpersonen aus der schemaverstoßenden Experimentalgruppe brachten sowohl bei der Frage nach den Geräuschen als auch bei der nach den Verwendungsmöglichkeiten eines Ziegelsteins erheblich mehr unterschiedliche Ideen hervor als die Kontrollgruppe.[8] Kurz gesagt: Schemaverstöße – vermutlich jeglicher Art – sind ausgesprochen flexibilitätsfördernd. Sie lockern unsere starr gewordenen Denkmuster und öffnen uns für das Neue.

Kafka schärft den Verstand

Nicht alle verfügen über ein Virtual-Reality-Labor, die meisten von uns aber sind mit einer Küche gesegnet, und jeder kann in einen Buchladen gehen und sich einen Band mit den Geschichten von Kafka holen. Kafka, Franz Kafka? Richtig. Völlig unabhängig von Simone Ritter, in einem anderen Labor, im kanadischen Vancouver, machte ein Psychologenteam vor wenigen Jahren einen Versuch, der Ritters Befunde auf bemerkenswerte Weise bestätigt.[9]

Die Forscher gaben ihren Testpersonen zunächst eine Geschichte von Kafka zu lesen. Wie bei Ritters Experimenten haben wir es auch hier mit zwei unterschiedlichen Ausgangsbedingungen zu tun. Eine Gruppe bekam eine zu Versuchszwecken nur leicht modifizierte Version von Kafkas *Landarzt* zu lesen, eine Kurzgeschichte, die der Prager Schriftsteller 1917 niedergeschrieben hatte und die er selbst als eine der wenigen Geschichten empfand, die ihm wirklich gelungen waren.[10]

In dem lediglich ein paar Seiten langen Originaltext wird ein Landarzt nachts zu einem schwerkranken Jungen gerufen. Es folgt eine Serie von immer seltsameren Ereignissen. Im ansonsten stets leeren Schweinestall findet der Arzt jetzt auf einmal Pferde mitsamt Kutscher vor. Er fährt los, und im Nu ist er auch schon beim eigentlich zehn Meilen entfernten kranken Jungen, der sich zuerst als kerngesund herausstellt, unmittelbar darauf aber in der rechten Hüftgegend eine riesige Wunde aufweist, in der sich fingergroße Würmer winden. Irgendwann bricht die Geschichte abrupt ab.

Die Kontrollgruppe bekam eine Art seichte Hollywoodfassung von Kafkas Kurzgeschichte zu lesen, aus der man rigoros jede kafkaeske Wendung entfernt hatte. Hier war nichts mehr absurd, sondern alles kohärent, und selbstverständlich gab es ein Happy End.

Direkt nach dem Lesen legte man sämtlichen Probanden 45 Buchstabenfolgen unterschiedlicher Länge vor, etwa XMXRTVTM oder VTTTTVM. Die Aufgabe bestand darin, die Buchstabenketten abzuschreiben. Erst nachdem alle diese scheinbare Strafarbeit erledigt hatten, verriet man ihnen, dass sich in den Buchstabenfolgen eine heimliche Systematik, eine »innere Grammatik« verborgen hatte: Manche der Lettern waren regelmäßig in der Nähe ganz bestimmter anderer Buchstaben aufgetaucht, so, wie das in praktisch jeder Sprache üblich ist.

Endlich kam es zum entscheidenden Test. Die Forscher legten ihren Versuchskaninchen neue Buchstabenketten vor, von denen einige der verborgenen Grammatik folgten und andere nicht. Ob die Testpersonen die Grammatik wiedererkennen würden? Ob sie das versteckte Muster, wenn auch eher unbewusst, durchschaut und es sich gemerkt hatten?

Bevor wir zum Ergebnis kommen, nur ganz kurz: Womöglich fragt sich an dieser Stelle der eine oder andere, was das mit den Buchstaben und der versteckten Grammatik überhaupt soll. Was hat das mit kreativem Denken zu tun? Vielleicht mehr, als man im ersten Moment meint. Vordergründig mag es dabei nicht um das Hervorbringen neuer Ideen gehen. Und doch, in scheinbar zufällig daherkommenden Einzelinformationen eine Ordnung zu erkennen – darin liegt sicher ein gehöriges Maß an schöpferischer Denkleistung. Im engeren Sinne ist natürlich jeder Kryptologe, der einen Geheimcode knacken will, auf die Fähigkeit angewiesen, ein verstecktes Muster aufzuspüren. Aber, wenn man so will, stellen auch die Natur, der Mensch oder die Gesellschaft Phänomene dar, die voller verborgener Regeln sind, verschlüsselte, unergründliche Codes, die wir zu dechiffrieren versuchen. Es ist ja nicht so, dass uns die Natur – als Beispiel – das Gesetz der Schwerkraft wie auf einem Silbertablett präsentiert hätte. Das Gesetz musste mühsam aus fallenden Äpfeln und sich drehenden Monden herausgelesen werden, und bekanntlich sind eine Menge Äpfel von den Bäumen heruntergefallen, bevor jemand in dem Chaos eine Ordnung erkannte.

Jedes Gehirn verfügt über die Fähigkeit zur Mustererkennung. Als kleine Kinder versuchen wir alle, noch vor jedem gezielten Sprachunterricht, Regeln in dem Gebrabbel zu identifizieren, das wir um uns herum hören. Entsprechend fiel das Testergebnis aus. Bis zu einem gewissen Grad gelang es allen Teilnehmern, zu erkennen, welche Buchstabenkette der fremden Grammatik folgte und welche nicht.

Die eigentliche Überraschung offenbarte sich erst, als die Forscher anfingen, die Ergebnisse der beiden Gruppen zu vergleichen: Jene Teilnehmer, die zuvor Kafkas Erzählung weitgehend unverändert gelesen hatten, schnitten beinahe *doppelt so gut* ab wie die Kontrollgruppe. Nach dem kafkaesken Leseerlebnis war es ihnen wesentlich leichter gefallen, die in den Buchstabenketten versteckten Regeln ausfindig zu machen – Kafka hatte ihre Fähigkeit zur Entdeckung verborgener Muster geschärft.[11]

Selbstverständlich wäre es vermessen und schief, Kafkas *Landarzt* mit einem merkwürdig zubereiteten boterham met hagelslag zu vergleichen. Mit Rücksicht auf die ohnehin schon geplagten Germanisten will ich solche Verwegenheiten lieber unterlassen. Obwohl, ist der Vergleich wirklich so weit hergeholt? Auch Kafkas Geschichten stellen für unser Gehirn einen deutlichen Schemaverstoß dar. Die Ereignisse im *Landarzt* durchbrechen unsere herkömmlichen Denk- und Erfahrungsmuster – sie sind mindestens ebenso unerwartet und absurd wie eine Flasche, die, statt zu Boden zu fallen, abhebt und in die Lüfte steigt.

Es gibt noch eine zweite, nicht unwichtige Ähnlichkeit. Sowohl die Cafeteria wie die ungewöhnliche Brotzubereitung als auch Kafkas Geschichte zeichnen sich dadurch aus, dass sie unserem Gehirn zunächst das Gefühl vermitteln, es befände sich in einer mehr oder weniger vertrauten Situation. Selbst die bizarre Cafeteria-Variante wirkt anfangs halbwegs realistisch. Die Konsequenz: Die gewohnten Cafeteria-Schemata in unserem Kopf werden geweckt. Ein holländisches Hirn aktiviert beim Anblick von Brot, Butter und einer Packung Schokostreusel wie auf Knopfdruck sein boterham-met-hagelslag-Skript. Und Kafkas *Landarzt*? Die konventionelle Ausgangssituation (»Ich war in großer Verlegenheit: eine dringende Reise stand mir bevor ...«) sowie Kafkas durchgehend einfache, glasklare Sprache suggerieren dem arglosen Gehirn eine normale, nahezu alltägliche Situation. Bis plötzlich, hinterrücks, der Schemaverstoß zuschlägt.

Allgemeiner formuliert: Zu einem Schema-*Bruch* bedarf es erst einmal der Schema-*Aktivierung*. Das Ungewohnte oder Absurde ist nicht gleichzusetzen mit vollkommenem Schwachsinn. Bei totalem Nonsens wird unser Gehirn erst gar nicht dazu verführt, seine Denkschemata zu bemühen. Warum sollte es? Konfrontiert mit konsequentem Kokolores, ist dem Gehirn von Anfang an klar, dass jede Schema-Aktivierung zum Scheitern verurteilt ist. Das Gehirn engagiert sich nicht, es klinkt sich aus.

Wenn aber ein Phänomen wirklichkeitsnah, ja vertraut daherkommt, dann jedoch inmitten dieses realistischen Rahmens Ungereimtheiten auftreten (wie typischerweise auch beim Witz), wird unser Hirn auf Hochtouren gebracht, wahrscheinlich weil es mit der Arbeitshypothese operiert, dass sich in einem an sich stimmigen Kontext ein genaueres Hinsehen und das Fahnden nach einer Einordnung meist lohnt. Das Gehirn sucht nach einem Sinn, es lässt nicht locker, es will die Sache in eine seiner üblichen Schubladen stecken, kann aber keine passende finden.[12]

Die Auseinandersetzung mit dem Schemaverstoß öffnet unseren Blick, indem sie uns dazu veranlasst, das scheinbar harmlos Daherkommende, das in unserem Kopf Fertiggedeutete nicht mehr, wie bisher, als harmlos hinzunehmen, als verstanden und akzeptiert, als etwas, das wir getrost abhaken können und das somit keiner weiteren Beachtung wert ist.

In Wahrheit, flüstert uns die Kunst eines Kafka zu, bist du umringt von Mysterien (wie damals, als du noch ein Kind warst). Es ist kein Verlass auf das, was du siehst, auf das, was du erlebst, also sieh gefälligst genauer hin. Erlebe die Welt unvoreingenommener. Nimm das, was dir auf den ersten Blick als selbstverständlich erscheint, nicht als selbstverständlich hin. Nur nicht so voreilig mit der Abhakerei! Wer weiß, vielleicht sind deine Schemata, auf die du dich allzu sehr verlässt, nach wie vor nichts als vorläufige Hypothesen. Deine Schemata vermitteln dir ein Gefühl der Sicherheit, sie machen dich effizient für das Gewohnte, zugleich aber lassen sie dich erblinden für all die Wunder, die es da draußen gibt. Für die allermeisten Menschen war es zu allen Zeiten belanglos, wenn zum soundsovielten Mal ein Apfel vom Baum fiel – ein durch und durch alltägliches Ereignis, das man bedenkenlos mit irgendeinem Schema ad acta legen konnte und nicht weiter zur Kenntnis nehmen und schon gar nicht studieren musste. Ganz anders der britische Physiker Isaac Newton: Er sah, was alle anderen auch sahen, nur war es für ihn etwas, das eines sorgfältigeren Hinsehens wert war, etwas, das ihn in Staunen versetzte, etwas, das (neu und anders) gedeutet werden musste.[13]

Wie gegrillter Aal das Denken lockern kann

Auch wenn der Schemaverstoß unser Denken anregen mag – ein oder zwei Schemaverstößchen im Monat verwandeln uns noch nicht in Leonardo da Vinci. Die Dosis muss eindeutig erhöht werden.

Leider ist es in der Praxis wahnsinnig anstrengend, immer wieder den Schemaverstoß zuzulassen oder gar zu suchen, zumal die meisten von uns ja noch etwas anderes zu tun haben, als sich jeden Morgen beim Frühstück zu überlegen, wie sie ihr Gehirn heute mal wieder überraschen könnten. Schön wäre es, wir könnten einfach vor die Tür gehen, und schon würde uns der Schemaverstoß überfallen. So aber ist unser Alltag, der Begriff suggeriert es bereits, nicht gestrickt. In der Regel begrüßt uns, wenn wir vor die Tür treten, das ewig Vertraute, unsere Schemata werden bestätigt und fest-zementiert. Keine Überraschung, nirgends. In der Regel. Es gibt aber eine – gar nicht so seltene – Ausnahme.

Damit Sie einen lebhaften Eindruck davon bekommen, was ich meine, hier einige Ausschnitte aus einem Reisebe-richt des US-Journalisten und Pulitzerpreisträgers Dave Bar-ry. Barry hatte einmal das Glück, ein paar Wochen in Japan verbringen zu dürfen, zusammen mit seiner damaligen Frau und seinem Sohn. Das Erlebnis war dermaßen unvergesslich, dass Barry ihm ein ganzes Buch (*Ein Amerikaner in Tokio*) gewidmet hat.

Mit folgenden Worten fasst der Autor seine Eindrücke von der japanischen Hauptstadt zusammen: »Tokio ist hässlich. Es sieht aus, als sei es von einer Anti-Charme-Rakete getroffen worden.« Aber was, fragt man sich, könnte den Mann bloß stören an dieser Stadt, die viele als hochgradig kultivierte Weltmetropole beschreiben würden? Da wäre zunächst nur eine Kleinigkeit, nämlich die gesamte stadtplanerische Ar-chitektur, die Barry als suboptimal empfindet:

Wohnhäuser stehen direkt neben Fabriken, Fabriken neben Restaurants, Restaurants neben mehrstöckigen Stadtautobahnen, Stadtautobahnen neben Parkanlagen, Parkanlagen neben Lagerhäusern, Lagerhäuser neben Klöstern, Klöster neben Spielhallen, Spielhallen neben Bürohäusern, Bürohäuser neben religiösen Schreinen,

religiöse Schreine neben Verkaufsautomaten, Verkaufsautomaten neben Friedhöfen, Friedhöfe neben Bars,
Bars neben Schulen, Schulen neben Sex-Comic-Läden,
Sex-Comic-Läden neben teuren Kaufhäusern, Kauf-
häuser neben Krankenhäusern, Krankenhäuser neben
Straßenverkäufern, die irgendeine Art Meeresfrüchte-
Delikatessen feilbieten, die aussehen wie ein in Schei-
ben geschnittenes Gaumenzäpfchen eines Wals. Und
das alles ist *ein* Block. Und das kilometerlang.

Es beschleicht einen das Gefühl, als würde es Barry irritie-
ren, dass er in Tokio nur vor die Tür gehen muss, und schon
werden sämtliche seiner Stadtarchitektur-Frames erschüttert.
Und der unangenehme Verstoß gegen die guten amerikanischen Schemata in seinem Kopf bleibt, zu Barrys Leidwesen,
nicht auf die Architektur beschränkt. Der Schemaverstoß erstreckt sich auch auf das Sozialverhalten der Leute, das dem
amerikanischen Journalisten entschieden eine Nummer zu,
nun, japanisch ist. Und das Essen erst! Eine Zumutung son-
dergleichen:

Straßenverkäufer grillten in aller Öffentlichkeit Aale am
Spieß. Ich war entsetzt, denn jeder vernünftige Mensch
muss zugeben, dass Aale nur große, mit Schleim be-
deckte, im Wasser lebende Würmer sind. […] Als muti-
ge kulinarische Abenteurer experimentierten wir fünf-
zehn Minuten lang mit allen möglichen japanischen
Gerichten, den Rest unserer Reise verbrachten wir mit
der Suche nach Kentucky Fried Chicken.

Dort, endlich, im Fastfood-Restaurant, gehorcht alles wieder – wie man als mitfühlender Leser hofft – den wohlvertrauten USA-Schemata. Endlich keinen Aal und keine komischen Stäbchen mehr, endlich wieder frittiertes Hühnchen mit Pommes und Coca-Cola!

Sicher, Barry macht sich aus dem Kulturschock einen großen Spaß. Könnte es aber auch sein, dass sich hinter seinen selbstironischen Scherzen eventuell ein Kern von nicht gern offen zugegebener Wahrheit versteckt? Ich jedenfalls erkenne mich in seiner Beschreibung durchaus wieder. Nicht, dass ich Kentucky Fried Chicken mag, aber ich ziehe ungern um, und ich vermisse momentan hier in Holland fast jeden Tag mein geliebtes Berlin … Aber gut, es hilft alles nichts, und wenn ich mal wieder so richtig todunglücklich mit dem niederländischen *way of life* bin und mir die boterhammen met hagelslag zum Hals raushängen, tröste ich mich mit folgendem Mutmacher:

Und ich rufe mir in Erinnerung, dass Auslandserfahrungen zu den wirksamsten Mitteln gehören, die Kreativität zu fördern, gerade weil sie so an unseren liebgewonnenen Gewohnheiten rütteln. Im Ausland werden wir wie von selbst, immer wieder, und manchmal mehr als uns lieb ist, mit dem Schemaverstoß behelligt. Unser starr gewordenes Denken wird an allen Ecken und Enden, die Filialen von KFC & Co. ausgenommen, hinterfragt. Wir blicken wieder auf die kafkaeske Welt, mal überrascht, oft verdrossen, jedenfalls bewusst, mit einer Aufmerksamkeit, die wir dem Altbekannten, dem allzu Vertrauten, dem Fertiggedeuteten nicht zu schenken bereit sind.

Tatsächlich gleicht ein längerer Auslandsaufenthalt, wie sich inzwischen in mehreren Untersuchungen gezeigt hat, einem Intensivkurs in Sachen kreatives Denken. Der flexibilisierende Effekt, den ein Leben in der Fremde auf unser Gehirn ausübt, erweist sich nicht nur als nachhaltig. Die Wirkung reicht darüber hinaus sogar in Situationen hinein, die auf den ersten Blick nicht das Geringste mit multikultureller Erfahrung zu tun haben. Wie etwa beim Kerzenproblem.

Sie haben noch nie vom Kerzenproblem gehört? Umso besser! Das Kerzenproblem hat sich der Psychologe Karl Duncker bereits vor vielen Jahrzehnten ausgedacht, doch bis auf den heutigen Tag beschäftigt es unzählige Psychologiestudenten der Welt, die sich als Versuchskaninchen daran die Zähne ausbeißen.

Karl Duncker, geboren 1903 in Leipzig, stammte aus einer kommunistischen Familie und versuchte sich Anfang der 1930er Jahre in Berlin mit einer Arbeit über das kreative Denken zu habilitieren. Die Nazidozentenschaft jedoch lehnte seine Schrift ab, erstens aufgrund seiner Nähe zum Kommunismus, zweitens weil Duncker einst mit einer Jüdin verheiratet gewesen war. 1940 beging der unter schweren

Depressionen leidende Duncker, kurz nach seinem sieben-
unddreißigsten Geburtstag, im amerikanischen Exil Selbst-
mord.[14]

Dunckers Kerzenproblem klingt einfach: Vor Ihnen liegen
(1) eine Kerze, (2) ein Streichholzmäppchen sowie (3) eine
Schachtel mit Reißnägeln. Ihre Aufgabe besteht darin, die
Kerze an einer Wand zu befestigen, ohne dass dabei, wenn Sie
die Kerze anzünden, Wachs auf den Boden tropfen würde.

Natürlich spielt jeder zuallererst mit der bahnbrechenden
Idee, die Kerze direkt mit den Reißnägeln an die Wand zu
nageln – das Wachs aber bricht dabei ständig weg. Nächster
Versuch: die Kerze längs mit einem Feuer zum Schmelzen
bringen und an die Wand kleben, was ebenfalls zum Scheitern verurteilt ist (Kerze bleibt in der Regel erst gar nicht
kleben). Hier der O-Ton einer Testperson, während sie nach
einer Lösung fahndet:

»Ich hab wirklich keine Ahnung, also werde ich einfach
ein bisschen herumspielen […] Es ist unmöglich – wenn je-

mand das schafft, muss er schon ein Genie sein […] Sie [die Kerze] muss also wirklich brennen können. Meine Güte, das ergibt ja auch überhaupt keinen Sinn. Ich glaube, das hier ist unmöglich […]«[15]

Nachdem sie sich den Kopf vergeblich zerbrochen haben, gibt ein beträchtlicher Teil der Hochschüler frustriert auf und will nach Hause und fortan BWL studieren. Dabei erscheint die Lösung, wie so oft, total simpel, sobald man sie kennt: Reißnägel aus der Schachtel nehmen, die Schachtel an die Wand pinnen, dann darauf, nach einem kurzen Anschmelzen, die Kerze befestigen. Auf diese Lösung kommen binnen einiger Minuten, je nach Studie, zwischen 25 und gut 50 Prozent der Probanden.[16]

Wer zu dieser glücklichen Gruppe gehört, lässt sich, so hat sich kürzlich herausgestellt, einigermaßen vorhersagen. Wie ein internationales Forscherteam der Business School Insead in Frankreich und der Northwestern Universität in den USA entdeckte, braucht man dazu lediglich zu wissen, wie lange jemand im Ausland gelebt hat. Die Untersuchung an über 200 Testpersonen ergab: Die Wahrscheinlichkeit, dass jemand das Kerzenproblem löst, wächst mit der Anzahl der Monate und Jahre, die eine Person im Ausland studiert oder gearbeitet hat. Ein Urlaub, bei dem man ins nächstmögliche Kentucky Fried Chicken geflüchtet ist, gilt leider nicht, man muss wirklich im Ausland gelebt und sich auf Land und Leute eingelassen haben. Anders gesagt: Je größer die Dosis Auslandserfahrung, die jemand zu sich genommen hat, desto flexibler dessen Denken.[17]

Dunckers Kerzenproblem fordert uns besonders heraus, weil wir mit den üblichen Schemata allzu sehr auf die eigentliche Funktion der Schachtel fixiert sind, die als Behältnis

für Reißnägel dient und selbstverständlich nicht als Kerzenständer. Erst wenn wir es schaffen, aus unseren alten Denkgewohnheiten auszubrechen und von dieser gebräuchlichen Funktion abzusehen, kommen wir der Lösung auf die Spur.

Wir müssen uns also zeitweise von dem befreien, was wir in unserer Kultur wieder und wieder gelernt haben (Schachteln sind dazu da, um Dinge aufzubewahren, man isst mit Messer und Gabel, Stricknadeln benutzt man, wie der Name schon sagt, zum Stricken, Aale sind schleimige Wasserwürmer).

Sobald wir in eine andere Kultur eintauchen und die Schemata fremder Völker kennenlernen, merken wir plötzlich, wie willkürlich unsere Bräuche bisweilen sind. Die Patentlösungen, die uns unsere Gesellschaft anbietet, mögen meist funktionieren, haben aber die Nebenwirkung, uns ignorant zu machen für den Umstand, dass es noch zahlreiche andere Lösungen gibt.

So lehrt uns die Erfahrung mit einer anderen Kultur mitunter, dass ein und dieselbe Sache eine ganz andere Bedeutung oder Funktion haben kann. Stricknadeln, wer hätte das gedacht, sind nicht nur zum Stricken, sondern auch zum Essen (von gegrilltem Aal) da. Ja, und wenn *das* so ist, dann ist vieles möglich. Dann darfst du das mit deinen Schemata nicht immer so eng sehen. Dann ist vielleicht eine Schachtel voller Reißnägel ebenfalls nicht nur für Reißnägel da, sondern kann auch, die Welt ist verrückt, als Kerzenständer dienen!

Um es zusammenzufassen: Sich von einem fremden Land und fremden Menschen die allzu vertrauten Denkstrukturen erschüttern zu lassen und zugleich neue Schemata aufzubauen, gehört zu den wirksamsten Mitteln, das eigene Denken von den vielen stillen Konventionen der heimischen Kultur zu befreien. Im Ausland haben Sie das ganze Wissen und die ganze Erfahrung, die Sie als Kind nicht hatten, trotzdem sind Sie immer wieder überrascht und geraten ins Grübeln, weil Sie mit Ihren althergebrachten Erfahrungen nicht weiterkommen.

Kurze Nachfrage des Skeptikers in uns: Ist es nicht einfach so, dass Leute, die es ins Ausland lockt, von sich aus neugierigere und offenere Zeitgenossen sind? Das ist ein berechtigter Einwand, teils verhält es sich wohl auch so, und doch scheint darin nicht die ganze Erklärung zu liegen. In einer Langzeitstudie ist man mit einer ganzen Batterie von Tests dem kreativen Denken von Entwicklungshelfern auf den Grund gegangen, einmal *vor* ihrem Auslandsaufenthalt und ein Jahr später noch einmal. Es zeigte sich: Nach zahlreichen Monaten im Ausland dachten die Leute tatsächlich flexibler als zuvor. Es mag also sein, dass Menschen, die es in die Fremde verschlägt, zu den aufgeschlosseneren Zeitgenossen gehören – Auslandserfahrung jedoch *macht* auch kreativ.[18]

Zwei Sprachen, zwei Denkweisen

Wer längere Zeit im Ausland verbringt, lernt nicht selten auch eine neue Sprache. Eine neue Sprache lernen wiederum heißt nicht nur Vokabeln büffeln und sich mit den unergründlichen Regeln des Subjonctifs abquälen, sondern darüber hinaus: eine neue Weltsicht lernen. Sicher nicht ausschließlich, aber auch mit Hilfe der Sprache deutet das Gehirn die Geschehnisse um sich herum. Die Sprache färbt unser Denken, allerdings auf eine Weise, die sich meist unter der Oberfläche des Bewusstseins bewegt.

Anders gesagt, wir merken üblicherweise wenig von dem subtilen Einfluss, den die Sprache auf unser Denken und unsere Wahrnehmung der Dinge ausübt, ähnlich wie ein Fisch das allgegenwärtige Wasser, in dem er schwimmt, nicht registriert. Erst sobald wir Abstand gewinnen, wenn wir aus dem eigenen Element, der eigenen Sprache aussteigen, hinein in eine Fremdsprache, schärft sich unser Blick. Aus der fremdsprachlichen Distanz fallen uns die Eigentümlichkeiten unserer Muttersprache auf – der Vergleich mit dem Anderen relativiert ihren zuvor absoluten Charakter. Zwei Sprachen zu sprechen, bedeutet auf diese Weise so etwas wie mit zwei Augen »stereoskopisch« auf die Welt zu sehen, wobei jede Sprache ihre eigene und, relativ zur anderen, leicht verschobene Perspektive auf die Wirklichkeit hat.

Eine zweite Sprache kann auch ganz direkt unser allzu unbewegliches Denken lockern. Dazu ein Beispiel. Viele Sprachen statten ja die unterschiedlichsten Gegenstände

(Mond, Lampe), die eigentlich weder weiblich noch männlich sind, dennoch mit einem Geschlecht aus (*der* Mond, *die* Lampe), und die verschiedenen Sprachen nehmen da häufig ihre ganz eigenen Zuordnungen vor. Im Spanischen etwa ist der Schnee (la nieve) weiblich, die Brücke dagegen ist männlich (el puente), der Tisch ist weiblich (la mesa), der Schlüssel (la llave) ebenfalls, die Landkarte (el mapa) dagegen wieder männlich. Nichts als willkürliche Einordnungen, könnte man meinen, die letztlich an den Gegenständen und wie wir über sie nachdenken kaum etwas ändern dürften!

Aber so ist es nicht. An dem Geschlechterbeispiel lässt sich vielmehr schön demonstrieren, wie eng Sprache und Denken verzahnt sind. Eine russisch-amerikanische Forscherin namens Lera Boroditsky von der Stanford Universität in Kalifornien ist diesem Phänomen in mehreren Experimenten nachgegangen.[19]

In einem ihrer Versuche präsentierte die Wissenschaftlerin deutschen und spanischen Muttersprachlern eine Liste mit englischen Wörtern – Substantiven, um genau zu sein, wie »key« (Schlüssel) und »bridge« (Brücke). Die Aufgabe war leicht: Sie bestand darin, ganz einfach die ersten drei Adjektive zu nennen, die einem zu den Substantiven einfielen. Der Clou war natürlich, dass das grammatikalische Geschlecht der Substantive in der jeweiligen Muttersprache der Leute unterschiedlich war.

Das Resultat: Obwohl der gesamte Test in Englisch stattfand, gingen die Assoziationen der Teilnehmer, je nach deren Muttersprache, konsistent in zwei auseinanderlaufende Richtungen. Den Deutschen fielen zum Substantiv »bridge« Adjektive wie »schön«, »elegant«, »zierlich«, »friedlich«, »hübsch« oder »schlank« ein. Man hätte sie auch gleich nach einer Liste von weiblichen Stereotypen fragen können. Die spanischen Muttersprachler nannten Adjektive wie »groß«, »gefährlich«, »lang« und »kräftig«. Selbst in der Fremdsprache Englisch fielen den Testpersonen entweder stereotypisch weibliche oder männliche Assoziationen ein, passend zum von der Muttersprache vorgegebenen Geschlecht des Substantivs.[20]

Der russische Maler Ilja Repin soll sich einst darüber gewundert haben, dass deutsche Maler das Phänomen der Sünde, im Gegensatz zu seinen Landsleuten, so oft als Frau darstellten. Das russische Wort für Sünde ist männlich (грех), für Repin war die Sünde damit intuitiv etwas Männliches, und es war ihm wohl nicht bewusst, dass die deutsche Sprache das anders sieht (übrigens, auch die Spanier und Franzosen stufen die Sünde, rein sprachlich, als etwas Männliches ein, die Sünde als weibliche Assoziation ist somit nicht einfach auf etwas historisch Universelles wie die Bibel zurückzuführen).

Das klingt vielleicht alles nach ziemlich wilder Spekulation. Es gibt jedoch Befunde, die für diese Annahme sprechen. In einer Untersuchung sah sich die Forscherin Lera Boroditsky über 600 Gemälde deutscher, italienischer, französischer und spanischer Maler an, in denen irgendein abstraktes Motiv (Sünde, Tod, Sieg, Zeit oder Stille usw.) entweder als Frau oder als Mann personifiziert worden war. Ergebnis der Analyse: Ob der Maler das Motiv als weibliche oder männliche Gestalt dargestellt hatte, ließ sich mit einer Trefferquote von knapp 80 Prozent aufgrund der Muttersprache des Malers vorhersagen![21]

Negativ formuliert könnte man aus diesen Befunden den Schluss ziehen, dass unsere Muttersprache die Flexibilität unseres Denkens und unserer Ideenproduktion deutlich einschränkt. Die Muttersprache schickt unsere Phantasie, ohne dass wir es ahnen würden, in eine ganz bestimmte, ja vorbestimmte Richtung. Das Wort »Mond« weckt in unseren deutschsprachigen Köpfen, ob wir wollen oder nicht, primär männliche Assoziationen. Unsere Muttersprache erweist sich somit als Assoziationsfessel. Und wie es den Anschein hat, bleibt diese Macht der Muttersprache auch dann noch spürbar vorhanden, wenn wir eine Fremdsprache gelernt haben – die Testpersonen der Substantiv-Adjektiv-Aufgabe konnten ja alle Englisch.

Nur ist Englisch nun just eine Sprache, in der die Substantive kein grammatikalisches Geschlecht haben, vermutlich erzeugen sie damit in der Hinsicht auch kein wirksames »Gegengewicht«. Was aber wäre, wenn eine Person zwei Sprachen spricht, die sich durch teils divergierende Geschlechterzuordnungen auszeichnen, wie eben Deutsch und Spanisch? Als Lera Boroditsky eine Gruppe von Dreisprachigen testete, die Deutsch, Englisch und zusätzlich noch Spanisch sprachen, stellte sie fest, dass die Gedanken bei ihnen tatsächlich weniger vorgezeichnet waren: Ihre Assoziationen erwiesen sich als offener, vielfältiger. Und auch hier besteht wieder eine Beziehung zwischen Dosis und Wirkungsgrad: Je umfassender man die andere Sprache gelernt hat, desto stärker ist der Effekt, wie mir die Forscherin berichtet hat. Jemand, der fließend Deutsch und Spanisch spricht, sieht den Mond, und schon laufen die Gedanken in zwei Richtungen – sowohl männliche als auch (la luna!) weibliche Assoziationen werden geweckt. Ob so jemand den Mond auf einer Leinwand als weibliche oder männliche Gestalt personifizieren würde, ließe sich vermutlich nicht prognostizieren. Eine zweite Sprache kann so die von der Muttersprache allzu sehr dominierte Phantasie relativieren und erweitern.[22]

Gerade eine frühzeitige zweisprachige Erziehung scheint sich dabei – ähnlich wie Auslandserfahrung bei Dunckers Kerzenproblem – auch in weniger naheliegenden kognitiven Bereichen flexibilisierend auszuwirken. Betrachten Sie einmal dieses Münzdreieck, dessen Spitze nach oben zeigt:

Und jetzt können Sie Ihre eigene kreative Problemlösefähigkeit auf die Probe stellen: Die Aufgabe besteht darin, drei 5-Cent-Stücke so zu verschieben, dass die Spitze des Dreiecks am Ende nach unten zeigt.

Viele Leute (auch ich) richten ihre Aufmerksamkeit zunächst auf die beiden mittleren Münzen der untersten Reihe: Eine von beiden soll die neue Spitze bilden. Man experimentiert eine Weile mit der Idee, aber wie man die Münzen auch hin- und herschiebt – es klappt nicht. Erst wenn man die Aufmerksamkeit von diesen Münzen weglenkt und stattdessen auf einige andere richtet, gelangt man zur Lösung.

Ein Forscherteam der Universität von Illinois in Chicago hat das Münzdreieck drei unterschiedlichen Versuchsgruppen vorgelegt: Einige der Testpersonen waren einsprachig, andere hatten ab einem Alter von sieben Jahren eine Fremdsprache gelernt, und wieder andere waren bilingual aufgewachsen, sie beherrschten von klein an, spätestens im Alter von sechs Jahren, zwei Sprachen. Es zeigte sich: Obwohl die Einsprachigen bei Standardmatheaufgaben (Gleichungen lösen) sehr gut abschnitten[23], taten sie sich mit dem Münzdreieck, das die Forscher als kreative Aufgabe einstufen, relativ schwer. Jene, die mit sieben oder später eine Fremdsprache gelernt hatten, waren da schon besser. Am besten jedoch schnitten die von klein an zweisprachig Aufgewachsenen ab.[24]

Das ist ein erstaunliches Ergebnis. Ich zumindest kann zwar nachvollziehen, dass die verbalen Assoziationen von jemandem, der mehrere Sprachen spricht, im Großen und Ganzen vielfältiger ausfallen mögen. Nur warum sollte ein zweisprachiger Mensch besser abschneiden, sobald es darum geht, ein Münzdreieck neu zu arrangieren?

Niemand kennt die Antwort. Es wäre möglich, dass der Vorteil von recht grundsätzlicher Natur ist. Eine Vermutung etwa besteht darin, dass das Aufwachsen in einer zweisprachigen Welt einem generellen Aufmerksamkeitstraining gleichkommt. Diverse Tests jedenfalls belegen, dass zweisprachige Menschen eine bessere Kontrolle über ihre Aufmerksamkeit haben.[25]

Dies erscheint einleuchtend. Denn was lernt ein Kind eigentlich, das ständig zwischen zwei Sprachen wechseln muss, abgesehen von einer zweiten Sprache? Erstens muss man in einem mehrsprachigen Umfeld stets darauf achten, welche Sprache gerade gesprochen wird. Schon allein das Beobachten der Außenwelt könnte dadurch geschärft werden. Darüber hinaus muss der Zweisprachige im Grunde bei

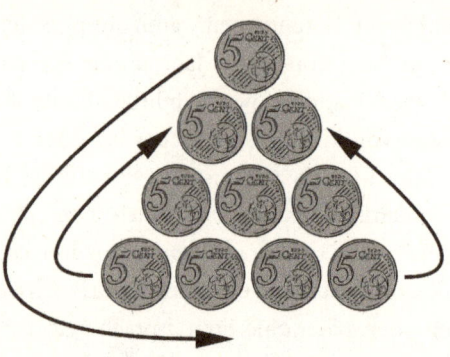

jedem Gegenstand, den er sieht, eine gewisse Aufmerksamkeitskontrolle an den Tag legen: Beobachtet ein einsprachiges Kind einen Hund, denkt es unweigerlich »Hund«. Im zweisprachigen Kind taucht nicht nur »Hund«, sondern zugleich das Wort »dog« oder »perro« oder »katık« auf (so sagt man Hund auf Zazaki, Sprache der Zaza in Ostanatolien). Um eine Vermischung zu vermeiden, muss eins der beiden Wörter unterdrückt und dafür das andere Wort, die andere Sprache, aktiviert werden.

Stellt man sich Aufmerksamkeit als eine Art Scheinwerferlampe im Gehirn vor, muss das zweisprachige Kind in diesem Bild immer wieder seinen mentalen Scheinwerfer in die Hand nehmen und auf die richtige Sprache im Gehirn schwenken. Dieses Training könnte sich unter anderem bei gewissen Problemen auszahlen, bei denen die naheliegenden Einfälle nicht reichen oder nicht weiterhelfen oder womöglich sogar in die Irre führen, in Situationen also, wo es darauf ankommt, den Scheinwerfer der Aufmerksamkeit auf andere Netzwerke des Gehirns umzulenken – in diesem Fall dorthin, wo sich die nicht ganz so offensichtlichen Assoziationen, Ideen und Lösungsmöglichkeiten verstecken.

Ein dickes Adressbuch erhöht das Risiko für gute Einfälle

Das Eintauchen in schemaverstoßende Umwelten, sei es eine bizarre Cafeteria oder allzu japanische Metropole, sei es die Auseinandersetzung mit einer Fremdsprache oder kafkaesker Kunst, wirkt erquickend auf unsere Hirnwindungen. Das Andere, Ungewohnte regt unser Denken an und beflügelt die Phantasie.

Dabei ist die für uns Menschen wichtigste Umwelt zweifellos die soziale Umwelt. Im täglichen Leben sind wir von kaum etwas so abhängig, und wir werden von nichts so stark geprägt, wie von den Menschen, die uns umgeben. Auch hier gilt die Faustregel: Wer sich mit Zeitgenossen umgibt, die die eigenen Gedanken und Schemata erweitern und auch mal widerlegen – statt immer nur bestätigen –, darf mit einem Kreativitätsschub rechnen.

Einige wertvolle Erkenntnisse dazu stammen von einem Soziologen der Universität Chicago, Ronald Burt. Burt hatte einmal die Chance, die Arbeitsprozesse des amerikanischen Elektronik- und Rüstungskonzerns Raytheon umfassend studieren zu können. Raytheon hatte eine Gruppe von Firmen geschluckt, und Burt war angeheuert worden, um bei der Eingliederung dieser neuen Firmen zu helfen. Raytheon ist ein Unternehmen mit mehr als 60 000 Mitarbeitern und macht Jahr für Jahr zweistellige Milliardenumsätze. Der Konzern hat unter anderem das bekannte Flugabwehrsystem *Patriot* entwickelt, mit dem auch die Bundeswehr ausgestattet ist.

Der Soziologe Burt nutzte seinen Ausflug in die Industrie für einen Feldversuch. Er legte 673 Raytheon-Managern die Frage vor, wie man die Vorgänge in ihrem Arbeitsbereich verbessern könnte. Hunderte von Verbesserungsvorschlägen kamen auf diese Weise zusammen. Anschließend zeigte der Wissenschaftler zwei Topmanagern sämtliche Ideen, und bat sie, die Vorschläge zu benoten. Nicht alle Einfälle wurden dabei als Geniestreich eingestuft. Einige Ideen erhielten ganz ordentliche Noten, andere stießen auf weniger Begeisterung, und manche der Verbesserungsvorschläge waren in den Augen der Chefs so abwegig, dass sie nicht einmal eine Note verdienten (unwirscher Kommentar von einem der beiden Topmanager: »Ideen, die zu provinziell, unverständlich, vage oder zu weinerlich waren, habe ich nicht bewertet«).

Der Forscher Burt interessierte sich insbesondere dafür, was jene Mitarbeiter mit den guten Ideen von denen mit den Schnapsideen unterschied, und er sammelte Daten über Daten, um den entscheidenden Kreativitätsfaktor herauszukristallisieren. Wie er vermutet hatte und wie sich anhand der Daten bestätigen ließ, erwies sich die *Bandbreite der sozialen Kontakte* als ausschlaggebende Inspirationsformel.

Viele der Manager, so Burts Analyse, beschränkten ihren Austausch auf ihre engsten Kollegen, auf ihre Arbeitsgruppe, ihre Abteilung. Es gab aber auch einige Mitarbeiter, die sich darüber hinaus regelmäßig mit Kollegen aus anderen Abteilungen des Unternehmens austauschten. Wie Burt entdeckte, hatten diese »Fremdgeher« auffallend oft die besten Einfälle. Und nicht nur das: Manager mit Kontakten jenseits ihrer unmittelbaren Arbeitsgruppe durften außerdem – oder damit zusammenhängend – mit einem höheren Gehalt, einer besseren Performance-Einschätzung vonseiten der Unternehmensleitung und dementsprechend auch eher mit einer Beförderung rechnen.[26]

Nun ist der intensive Informationsaustausch innerhalb einer Arbeitsgruppe einerseits schlichtweg notwendig, und er kann auch produktiv sein (dies ist das Thema von Kapitel 4). Mit seinen engsten Kollegen lässt sich vor allem gut in die Tiefe eines Problems vordringen. Geister, die ähnlich denken, können viele Grundannahmen überspringen, die Kommunikation verläuft reibungslos, man kommt zügig voran. Zugleich aber bewirkt gerade die rege Interaktion, dass jeder irgendwann über das Gedankengut des Kollegen Bescheid weiß. Man kennt sich. Grundannahmen werden nicht mehr hinterfragt. Es fehlt ein bisschen der frische Wind.

Ist es sehr weit hergeholt, die Arbeitsgruppe eines Unternehmens mit einem Land zu vergleichen, innerhalb dessen Grenzen der Ideenaustausch ebenfalls verhältnismäßig hoch ist, jedenfalls höher als zwischen zwei Ländern? Ähnlich wie zu einem bestimmten Land gewisse Bräuche, Weisheiten und Marotten dazugehören, zirkulieren auch innerhalb eines eingeschworenen Teams bestimmte Vorstellungen, manche Herangehensweisen werden geschätzt, andere sind weniger beliebt oder gänzlich unbekannt. Wer als Manager also seine Fühler in andere Arbeitsgruppen und Abteilungen hineinstreckt, setzt sich – einer Auslandsreise *en miniature* gleichkommend – einer größeren Vielfalt von geistiger Stimulanz aus. Wie der Soziologe Burt feststellte, verfügen solche Manager über einen entscheidenden Vorteil: Sie genießen ein »erhöhtes Risiko für gute Ideen«.[27]

Der Punkt ist natürlich, dass sich jeder von uns diesem erhöhten Risiko für gute Ideen aussetzen kann. Burts Inspirationsprinzip ist ja nicht auf Manager und auch nicht aufs Berufsleben beschränkt. Soziale Vielfalt, egal ob im Beruf oder privat, erhöht die Bandbreite der Erfahrungen und Einfälle, mit denen wir in Berührung kommen. Man könnte sagen: Je vielfältiger unsere sozialen Kontakte, desto wahrscheinlicher wird das Erlebnis Schemaverstoß.

Doch die Sache hat leider einen Haken: Wir alle mögen Menschen aus unserer eigenen Abteilung. Wir lieben Kollegen, Bekannte, Freunde und Partner, die ähnlich ticken wie wir, Menschen aus vergleichbaren sozialen Kreisen, Menschen, die uns bestätigen. Molekularbiologen diskutieren am liebsten mit Molekularbiologen, Esoteriker wissen die Schwingungen anderer Esoteriker zu schätzen, Milliardäre stoßen am liebsten mit anderen Milliardären an. Kürzlich hat man herausgefunden, dass sich das Erbgut von Ehepaaren[28] und Freunden stärker ähnelt als das von zwei zufällig ausgewählten Menschen. Mit unseren Freunden zum Beispiel stimmen wir genetisch ebenso stark überein, wie mit unseren Cousins vierten Grades (das ist so, als teilten wir mit unseren Freunden die gleichen Urururgroßeltern).[29] Wir lieben die Ähnlichkeit und die Bestätigung so sehr, dass wir uns im Laufe unseres Lebens mit lauter Klonen unserer selbst umgeben. Gleich und Gleich gesellt sich gern. Wer anders denkt, fühlt, ist, wird gemieden.

Viele Untersuchungen offenbaren, wie weit diese Liebe zum Vertrauten, zum Nichtfremden in uns geht. In einer Studie hat man das Verhalten von Geschäftsleuten auf einer After-Work-Party beobachtet, die eigens dazu gedacht war, andere Menschen kennenzulernen, eine so genannte »Mixer-Party«. Ganze 95 Prozent der Gäste hatten zuvor verkündet, es sei ihre Absicht, neue Kontakte zu knüpfen, statt alte zu pflegen. Später auf der Party präsentierte sich ein etwas anderes Bild. So lautet das Resümee der Wissenschaftler: »Unsere Resultate zeigen, dass Gäste auf einer Mixer-Party ihre Zeit tendentiell damit verbringen, mit den wenigen anderen Gästen zu plaudern, die sie bereits kennen.«[30]

Was für Mixer-Partys gilt, gilt wohl erst recht fürs alltägliche Leben. Man könnte meinen, dass eine große menschliche Vielfalt – wie wir sie zum Beispiel typischerweise in einer Großstadt vorfinden, im Vergleich zum Dorf – dazu führt, dass wir die Chance nutzen, um mit möglichst unterschiedlichen Menschen in Kontakt zu treten. Theoretisch könnten wir unseren Freundeskreis umso bunter gestalten, je bunter die Mischung der Menschen ist, die uns über den Weg laufen. Theoretisch.

Tatsächlich verhalten wir uns in der Praxis ganz anders. So begab sich ein Forscherteam an fünf verschiedene Universitäten, wo man auf dem Campus wahllos auf Pärchen zuging, um einmal genauer herauszufinden, wer im gewöhnlichen Studentenalltag mit wem seine Zeit verbringt. Eine Universität war mit über 25 000 eingeschriebenen Studenten ziemlich groß, die anderen vier waren eher klein (1372 Studenten im Schnitt). Die Forscher baten jedes Pärchen, einen längeren Fragebogen auszufüllen, der nicht nur Basisinformationen (Geschlecht, Alter, politische Einstellung) erfasste, sondern auch, ob und wie sehr man mit dem Gegenüber befreundet war, wie nahe man sich dem andern fühlte usw. Die Studenten wurden auf diverse Verhaltensweisen – vom Drogenkonsum bis zum Sport – hin abgeklopft, und man bat sie um ihre Meinung zu einer Serie von kontroversen Themen, wie: »Abtreibung sollte in jedem Fall illegal sein«, »ein Mensch kann auch ohne Religion ein gutes Leben führen« und »für eine Familie ist es am besten, wenn die Frau zu Hause bleibt und der Mann arbeiten geht«.

Eins war klar: Allein durch die schiere Zahl der Studenten bot die große Universität die weitaus größere Vielfalt von Menschen. Die Frage war: Wie gingen die Studenten mit dieser Vielfalt um? Die Antwort: Auf eine Weise, die die Wissenschaftler als geradezu »ironisch« einstufen. An der großen Universität verbrachten die Studenten ihre Zeit überwiegend mit Kommilitonen, die ihnen aufs Haar glichen. Bei knapp 80 Prozent der Verhaltensweisen und Einstellungen, die die Forscher erfasst hatten, stimmten die Pärchen an der großen Uni mehr miteinander überein als jene Pärchen der kleineren Unis. Mit anderen Worten, die Studenten der großen Uni hatten die Vielfalt vor allem dazu genutzt, sich exakt jene Leute als Freunde herauszupicken, die ihnen ähnlich waren. Je größer die Vielfalt der uns umgebenden Personen, so das ernüchternde Fazit der Forscher, desto geringer fällt am Ende unsere Freundesvielfalt aus.[31]

Wir lieben eben das, was wir schon kennen. Ob wir uns damit immer einen Gefallen tun, ist freilich eine andere Frage. Trotz der stärkeren Unterschiede nämlich bewerteten die Studenten der kleineren Unis ihre Beziehungen als *enger* als jene der großen Uni.[32]

Nicht zuletzt aus Sicht unseres Einfallsreichtums ist unsere ausgeprägte Liebe zum Vertrauten kontraproduktiv. Eine gewisse Routine ist, wie wir im nächsten Kapitel sehen werden, gut, sogar notwendig, um in einen intensiven Arbeitsfluss hineinzukommen. Um aber unsere Phantasie zu bereichern, müssten wir die Scheu vor dem Unbekannten auch immer wieder überwinden. Wir müssten es uns zur

Gewohnheit machen, das Ungewohnte zu begrüßen, ja ihm beherzt entgegenzugehen.

Ideal wäre wahrscheinlich, wenn auch sicher nicht einfach (nennen wir es provisorisch das anspruchsvolle »Anti-Kentucky-Fried-Chicken-Ideal«), würde es uns gelingen, ein Stück weit wegzukommen von diesem hartnäckigen Reflex *Das hier ist mir nicht vertraut, es hat nicht die geringste Ähnlichkeit mit Kentucky Fried Chicken: Also lass ich lieber die Finger davon,* hin zu einem *Das hier ist mir nicht vertraut, und, ehrlich gesagt, schmeckt es den Schemata in meinem Kopf gar nicht: Also wird es mich vermutlich weiterbringen.*

2 MIT DER ENTSPANNUNG KOMMEN DIE IDEEN

Im Meditationslabor

Ich bin kein Meditiertyp. War ich nie. Als ich noch ein Psychologiestudent in Konstanz war, haben erfahrene Profis versucht, mich zu hypnotisieren.[33] Fazit: Ich bin nicht hypnotisierbar. Hypnose, Meditation, Autosuggestion – für mich und meine Schemata sind das gegrillte Aalvariationen am Spieß. Ein guter Grund also, nach Leiden zu gehen.

Ein Krankenhauszimmer, umfunktioniert in ein psychologisches Labor, im Medizinischen Zentrum der Universität Leiden. Ich sitze an einem Tisch und spüre, wie mir langsam etwas mulmig wird.

Ayça Szapora, Meditationsexpertin und Kreativitätsforscherin, hat sich mit Stift und Papier neben mich gesetzt. Sie zückt eine Stoppuhr. Zum ersten Mal in meinem Leben werde ich »offiziell« einen Kreativitätstest absolvieren.

»Sie haben anderthalb Minuten«, sagt Frau Szapora unvermittelt. »Bitte sagen Sie mir, was man alles mit einem Ziegelstein machen könnte.«

Die Ziegelstein-Frage! Ich bin erleichtert, da diese Frage ja *der* Klassiker unter den Kreativitätstests ist, mein Gehirn ist also vorgewärmt. In meinem Kopf fängt es an zu rattern.

Mein erster Einfall ist ein bisschen destruktiv, aber was soll's, er muss raus, ich muss Punkte sammeln: Mit einem Ziegelstein könnte man jemanden erschlagen. Man könnte auch konstruktiver sein und eine Mauer oder ein Haus damit bauen. Oder der Stein ließe sich als Bücherstütze benutzen.

Ich strenge mich an, ich schließe die Augen, versuche, mich zu konzentrieren, und mir fällt noch dies und das ein (man könnte den Ziegelstein als Trainingsinstrument einsetzen für Marinetaucher, die den Stein mit verbundenen Augen vom Grund eines Schwimmbeckens hochholen müssen), aber die Ideen kommen immer stockender, und dann ist meine Zeit auch schon abgelaufen.

Ayça Szapora hat alle meine Ideen mitgeschrieben und prüft das DIN-A4-Blatt in ihren Händen. Begeisterung sieht anders aus. Noch im selben Moment beginnt die Forscherin mit der Auswertung.

Ayça Szapora testet meinen Einfallsreichtum im Medizinischen Zentrum der Universität Leiden. Die Kappe auf meinem Kopf ist mit Messelektroden bestückt, die meine Hirnströme aufzeichnen. Die Daten erwiesen sich leider aus technischen Gründen als unbrauchbar. Allerdings gibt es allgemeine Hirnstrombefunde, die sehr aufschlussreich sind – dazu mehr im Verlauf dieses Kapitels.

»Das waren aber sehr kurze anderthalb Minuten«, murmele ich vor mich hin.

Die Wissenschaftlerin hört mich nicht. Sie berechnet meine »Kreativitätsnote«. Die Ziffer setzt sich aus verschiedenen Teilen zusammen. Zunächst gibt es Punkte für die schlichte Anzahl der geäußerten Ideen. »Eine Mauer bauen« gibt einen Punkt, »ein Haus bauen« – so ähnlich der Gedanke auch sein mag – gibt einen weiteren. Auf diese Weise wird die »Gedankenflüssigkeit« erfasst.

Als Nächstes misst man, wie beim Virtual-Reality-Versuch, die Flexibilität des Denkens: ob also die Einfälle in verschiedene Richtungen gehen und diverse Kategorien einbeziehen. Ziegelstein als Baumaterial ist eine Kategorie (egal, ob man eine Mauer, ein Haus oder ein Schloss baut), Ziegelstein als Waffe ist eine andere usw. Je mehr Kategorien, desto flexibler das Denken.

Zu guter Letzt gibt es Punkte für die Ausarbeitung einer Idee: Wer nicht bloß »Haus bauen« von sich gibt, als diktiere er ein Telegramm, sondern die Sache ausschmückt in »Ein Landhaus mit Reetdach bauen, weil die Ehefrau schwanger ist und man für die Familie ein kleines Nest einrichten möchte«, der bekommt für diese Kurzgeschichte ebenfalls Extrapunkte.[34]

Ayça Szapora hat alle meine Punkte zusammengezählt. Sie zeigt mir das vollgekritzelte DIN-A4-Blatt mit meinen Geistesblitzen und dem Ergebnis: 9 Ideen aus 6 Kategorien, 4 Punkte für Ausarbeitungen, macht insgesamt 19 Punkte. Damit liege ich gerade mal etwas über dem Durchschnitt. Und das, obwohl ich die Frage schon kannte …

»Machen Sie sich keinen Kopf, ich habe Ihnen etwas weniger Zeit gegeben als üblich. Normalerweise bekommen die Testpersonen drei Minuten«, tröstet mich Frau Szapora.

»Sie sind ein netter Mensch«, sage ich.

Es folgt eine kleine Verschnaufpause, in der ich mich vom Ergebnis erholen darf und mich in einer Fähigkeit übe, für die ich ebenfalls nur durchschnittlich begabt bin: positives Denken. Positiv gesehen, denke ich, erlaubt das Resultat wenigstens Raum zur Verbesserung. Und dazu bin ich schließlich hier. Selbst für mich nämlich gibt es, wie mir die Forscherin versichert, Hoffnung. Dafür muss ich mich jetzt erst einmal gerade hinsetzen. Ayça Szapora wird gleich versuchen, meinen Geist zu lockern, und zwar mit Hilfe einer speziellen, aufmerksamkeitserweiternden Meditationssitzung.

Mehrere Befunde der letzten Jahre legen die Vermutung nahe, dass just eine allzu ausgeprägte Konzentration beim Problemlösen, das heißt beim *kreativen* Problemlösen, nicht immer weiterhilft, sondern umgekehrt sogar hinderlich sein kann. Wenn man sich unsere Aufmerksamkeit wieder als Lichtstrahl vorstellt, dann gliche eine konzentrierte Aufmerksamkeit einem Scheinwerferlicht, das einen eng umgrenzten Punkt im Raum – einige wenige Gedanken – stark beleuchtet. Der Rest des Raums bleibt im Dunkeln. Wer den Blick oder die Aufmerksamkeit erweitern will, wer auch sehen will, was sich in den entlegenen Ecken des Geistes verbirgt, muss den Lichtkegel erweitern, er muss den allzu fokussierten Strahl in ein Flutlicht verwandeln, das einen größeren Kegel des geistigen Raums beleuchtet. Genau das soll die Meditation bewerkstelligen.

Die Meditationstechnik, mit der Ayça Szapora meine Aufmerksamkeit erweitern wird, nennt sich »Breathfulness«.

Dabei geht es in erster Linie ums Atmen. »Legen Sie Ihre Hand auf den Bauch«, sagt die Forscherin. »Es sollte so sein, dass Sie beim Einatmen Ihren Bauch rausdrücken.« Das ist bei Breathfulness Regel Nummer 1. Regel Nummer 2: »Keine Pausen zwischen den Atemzügen, sondern immer unverzüglich weiteratmen.«

Ich versuche es. Atme ohne Unterbrechung durch den Bauch. Zunächst fühlt sich das Ganze statt entspannend mehr wie ein stressiges Hyperventilieren an.

Nach einer Weile jedoch gelingt es mir besser. Ich muss nicht mehr bewusst auf meine Atmung achten. Ich gerate in einen gewissen Flow. Im Hintergrund ertönt jetzt auch noch eine Entspannungsmusik. Ich habe die Augen geschlossen, atme ein und aus, ein und aus und höre von irgendwoher Ayça Szaporas Stimme, leise, fast flüsternd, die mich in andere Welten entführt: »Stellen Sie sich vor, wie Sie sich langsam

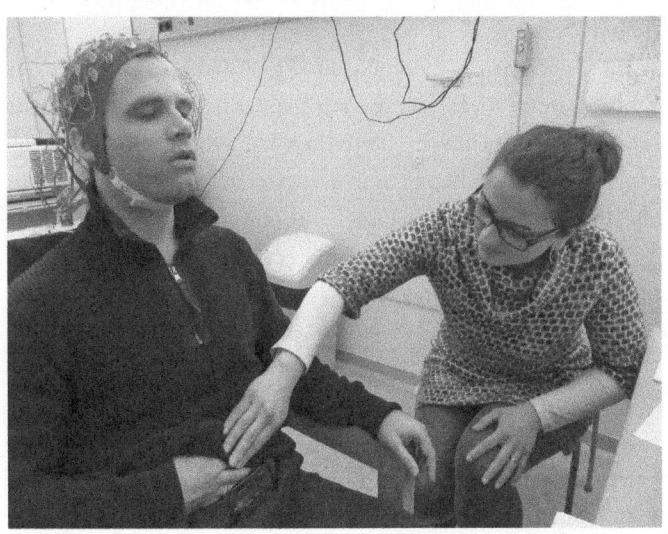

von der Erde entfernen.« Das ist zufällig eine meiner Lieblingsvorstellungen! »Sie sind im All, weit weg, Sie werden eins mit dem Kosmos ...«

Diese Meditationsgeschichte wird mit den Minuten, die vorbeistreichen, immer angenehmer. Es ist sicher nicht dasselbe wie Wegdösen und doch zutiefst beruhigend, sogar leicht euphorisierend. Ich fühle mich jedenfalls richtig gut aufgehoben im Kosmos.

Irgendwann – schwer abzuschätzen, wie viel Zeit vergangen ist – höre ich Ayça Szaporas Stimme: »Wenn Sie bereit sind, können Sie langsam zurückkehren.« Ich will nicht! Ich will im Kosmos bleiben! Aber gut, mir ist klar, dass ich hier nicht zum Vergnügen bin. Ich habe noch Arbeit vor mir und öffne zögerlich die Augen.

Die Forscherin sitzt schon wieder mit Papier und Stift da. Es folgt, zum Vorher-Nachher-Vergleich, ein zweiter Kreativitätstest. Los geht's: »Was könnte man alles mit einer Zeitung anstellen?«, fragt Ayça Szapora diesmal.

Im Gegensatz zur Ziegelstein-Frage habe ich die mit der Zeitung noch nicht gehört, ich kann mich zumindest nicht bewusst daran erinnern. Trotzdem habe ich das Gefühl, dass es diesmal besser klappt mit dem Gedankenfluss. Nachdem ich drei, vier Ideen genannt habe, rattert es immer noch in meinem Kopf. Ich weiß nicht, woher die Einfälle kommen und ob sie etwas taugen, aber sie purzeln aus mir heraus. Hier eine Kostprobe:

- Man kann eine Zeitung lesen oder (je nach Qualität) Fisch darin einwickeln
- Man kann die Seiten zerknüllen und als Füllmaterial beim Umzug verwenden

- Man kann die Zeitung aufrollen und sie, wenn man die richtigen Linsen dazu hat, als Fernrohr benutzen
- Teile der einzelnen Zeitungsseiten könnten als unkomfortable Taschentücher oder WC-Papier dienen
- Man könnte eine Seite nehmen und daraus ein Papierschiff basteln, das allerdings schnell sinken würde
- Man könnte die Zeitung aufrollen, um dem Hund damit einen Klaps auf den Hintern zu geben (rein theoretisch – ich bin hier nur zum Punktesammeln!)

»Stopp«, sagt Ayça Szapora. Die Zeit ist um. Aber ich rede weiter, es arbeitet noch in mir, in meinem Gehirn stecken noch Ideen, die rauswollen. Die Forscherin jedoch schreibt nicht mehr mit, sie rechnet bereits.

Das Ergebnis kann sich diesmal schon eher sehen lassen. Immerhin bin ich nach der meditativen Vorbehandlung, wie die Auswertung ergibt, auf 14 Ideen aus 10 unterschiedlichen Kategorien gekommen, und meine Ausschmückungen haben mir 9 Punkte eingetragen, macht insgesamt 33 Punkte! Wenigstens eine relative Verbesserung.

Aber auch objektiv ist das, wie Ayça Szapora meint, nicht übel. Sie lächelt. Sie scheint zufrieden zu sein mit ihrem aus dem Kosmos zurückgekehrten Versuchskaninchen (»viel besser als das erste Mal!«). Natürlich, betont sie, man könne das nicht als echtes wissenschaftliches Experiment werten. Es handle sich vielmehr um eine kleine Geschmacksprobe – um die Demonstration eines Prinzips.

Dieses Prinzip lautet: Entspannende, »aufmerksamkeitserweiternde« Aktivitäten, bestimmte Meditationstechniken sind dafür nur ein Beispiel, verbreitern unseren Blick. Sie lassen den Geist aus dem Gehirn wie den Dschinn aus der

Flasche. Denn wie sich herausstellt, stehe ich mit meinem Resultat keineswegs als Sonderfall da. Die Ergebnisse einer ersten Studie der Leidener Forschergruppe gehen in exakt dieselbe Richtung wie bei mir: Nach einer guten halben Stunde Breathfulness-Session bringen Testpersonen eindeutig mehr Einfälle hervor, diese Einfälle stammen aus mehr Kategorien, und sie erweisen sich darüber hinaus auch noch als origineller.[35]

Ein Gorilla wird unsichtbar

Die Meditationsbefunde der Leidener Forschergruppe sind bislang noch vorläufig. Ihr Ansatz ist experimentell, neu, spekulativ. Niemand kann derzeit wissen, ob er sich nicht als Holzweg erweisen wird (obwohl andere Forschergruppen ähnliche Ergebnisse melden[36]). Es ist eben ein Versuch.

Was mich dabei am meisten erstaunt und fasziniert, ist der kontraintuitive Grundgedanke. Es ist der radikale Unterschied zwischen Ayça Szapora und so ziemlich allen Lehrern, die ich in der Schule hatte. Wenn ich in der Schule Antworten gab, die in die So-lala-Kategorie fielen, was häufiger der Fall war als allgemein erwünscht, kann ich mich jedenfalls nicht daran erinnern, dass einer meiner Lehrer mir je den Tipp gegeben hätte: »Bas, du bist ein netter Junge, aber leider konzentrierst du dich zu sehr! Mach dich locker, lass dich gehen, und es wird Wunder wirken, glaub mir …« Statt Meditationssitzungen gab es öfter wenig meditative Standpauken, die im Großen und Ganzen das Gegenteil von Entspannung bewirken sollten: Ich solle doch mal etwas mehr bei der Sache sein, mich mehr konzentrieren, dann hätte auch ich eine Chance, mit anständigen Noten nach Hause zu kommen. An- statt Entspannung war das Motto!

Diese Hochachtung vor der Konzentration ist beileibe keine Lehrermarotte. Sie beschränkt sich nicht auf die Schule, sie zieht sich durch unsere gesamte Gesellschaft. In der Arbeitswelt wird bekanntlich kaum etwas so geschätzt wie Konzentration: Als produktiv gilt, wer sich gut und lange konzentrieren kann, wer unkonzentriert ist, ist schlicht unproduktiv. Nur wer sich konzentriert, arbeitet auch *wirklich*.

Selbstverständlich hat diese Wertschätzung ihre Berechtigung. Ohne Konzentration geht oft gar nichts. Beim Vokabelbüffeln, beim Erstellen der Steuererklärung oder dem Unterschreiben von wichtigen Verträgen, in einem Flugzeugtower oder einem instabilen Atomkraftwerk ist meditative Entspannung tendentiell ungünstig. Konzentration heißt ja im Kern, dass man sich auf das Wesentliche fokussiert und sich dabei nicht von Nebensächlichem ablenken lässt. Dass das nützlich sein kann, weiß jeder.

Auch für kreatives Arbeiten ist man oft in hohem Maße darauf angewiesen, über lange Strecken bei der Sache zu bleiben, ja, man kann sagen: Je mehr Biss und Sitzfleisch jemand hat, umso kreativer und bedeutender wird das sein, was er oder sie hervorbringt. Jeder, der schöpferisch sein will, muss sich schließlich erst einmal mit einer Disziplin oder Fragestellung auseinandersetzen. Wer das Glück hat, im Verlauf dieser Auseinandersetzung auf eine brillante Idee zu stoßen (ganz gleich, ob für ein neuartiges Smartphone, ein wissenschaftliches Experiment oder eine TV-Serie), darf sich auf eine Menge weiterer konzentrierter Arbeit gefasst machen, um die Idee zu realisieren. Sowohl das Ein- als auch das

Ausarbeiten kann wochen-, monate-, mitunter jahrelange hartnäckige Arbeit erfordern. Genie ist insofern tatsächlich, wie der große Erfinder Thomas Edison sagte, ein Prozent Inspiration und 99 Prozent Transpiration.[37]

Konzentration und fokussiertes Arbeiten sind also einerseits schlicht notwendig. Sie sind insbesondere dann produktiv, wenn man die Richtung, in die man gehen will, schon kennt. Wenn einigermaßen klar ist, was wesentlich und was Nebensache ist. Dort aber, wo die Richtung noch weitgehend unbekannt ist, wo die Grenze zwischen wichtig und unwichtig verwischt und sich das vermeintlich Nebensächliche als wesentlich herausstellen könnte, dort, wo grundsätzlich mehr Offenheit gefragt ist – Offenheit für das Unerwartete, für Momente der Inspiration –, kann Konzentration auch kontraproduktiv sein. Ein für das kreative Denken folgenreicher Nachteil der Konzentration nämlich besteht darin, dass sie geistig blind macht.

Kein Experiment hat das so deutlich offenbart, wie der inzwischen fast schon berühmte »Gorilla-Versuch«.[38] Er geht folgendermaßen: Testpersonen schauen sich ein Video an, in dem zu sehen ist, wie ein Grüppchen von jungen Leuten kreuz und quer durcheinanderläuft und Basketbälle hin und her wirft. Es gibt zwei Teams mit je drei Mitgliedern. Das eine Team trägt weiße, das andere schwarze T-Shirts. Die Aufgabe der Testpersonen besteht darin, die Pässe der Spieler in Weiß zu zählen und das schwarze Team zu ignorieren. Nach einer knappen Minute ist das Video vorbei, und man soll sagen, wie oft das weiße Team ihren Ball hin und her geworfen hat. Jeder, der bis 35 (=Anzahl der Pässe[39]) zählen kann, meistert die Aufgabe für gewöhnlich ohne Probleme.

Anschließend fragt man die Teilnehmer, ob ihnen vielleicht noch etwas Ungewöhnliches aufgefallen ist. Etwas Ungewöhnliches? Was denn zum Beispiel? Nun – wie wäre es mit einem Gorilla?

Es ist so: In der Mitte des Videos betritt eine Studentin in einem schwarzen Gorillakostüm die Szenerie, wandert von rechts nach links durchs Bild, bleibt zwischen den Spielern stehen, sieht in die Kamera, trommelt sich auf die Brust, geht weiter und verschwindet wieder.

Man könnte meinen, dass jedem Zuschauer mit Augen im Kopf etwas dermaßen Ungewöhnliches und fürs Überleben ja auch nicht ganz Unbedeutendes (immerhin ein riesiger Gorilla direkt vor der eigenen Nase!) sofort auffallen müsste. Zum Erstaunen sowohl der Versuchsteilnehmer wie auch der Forscher jedoch sah rund die Hälfte der Testpersonen den Gorilla überhaupt nicht. Die Teilnehmer hatten nur Augen für den Basketball – alles andere hatte ihr Gehirn kurzerhand ausgeblendet. »Die Versuchspersonen konzentrierten sich so stark auf die Pässe«, interpretieren die Wissenschaftler Christopher Chabris und Daniel Simons den Befund, »dass sie für den Gorilla vor ihrer Nase ›blind‹ wurden.«[40]

Es gibt sogenannte Eye-Tracker, mit denen sich exakt ermitteln lässt, wohin wir zu einem gegebenen Zeitpunkt blicken. Untersuchungen mit solchen Eye-Trackern haben ergeben: Viele sehen den Gorilla nicht, obwohl sie ihn geradewegs angucken. Ja, Testpersonen, die behaupten, den Gorilla nicht gesehen zu haben, blicken diesen überraschenderweise genauso ausführlich an wie jene, die ihn sehen, und zwar ungefähr eine Sekunde lang.[41]

Es ist somit, streng genommen, nicht ganz richtig, wenn man sagt, die Leute hätten nur Augen für den Ball. Richtig ist: Es ist das Gehirn, das nur Aufmerksamkeit für den Ball hat. Für den ganzen Rest ist das Gehirn *zu konzentriert*. Fragt man umgekehrt jene Teilnehmer, die den Gorilla gesehen haben, nach der Anzahl der Pässe, ist ihre Antwort meist falsch, oder die Leute geben zu, erst gar nicht gezählt zu haben. Mit anderen Worten: Je mehr man sich auf eine Sache konzentriert, desto größer ist das Risiko, dass man all das, was vom Gehirn als »irrelevant« oder »störend« eingestuft wird, verpasst.[42]

Man muss wirklich einen Augenblick innehalten und die Bedeutung dieses Befunds ins Bewusstsein dringen lassen. Jene Fähigkeit, die wir so bewundern und als »Konzentrationsfähigkeit« bezeichnen, ist dermaßen mächtig, dass sie einen Gorilla komplett zum Verschwinden bringen kann. Viele Testpersonen sind skeptisch, wenn man ihnen das Video zum zweiten Mal zeigt: Sie können nicht glauben, dass es sich um das gleiche Video handelt. »Und das soll ich verpasst haben?«, ist eine der üblichen Reaktionen.[43]

Und nun stellen Sie sich vor, was eine kognitive Maschinerie, die in der Lage ist, einen Gorilla geistig auszuradieren, mit unerwarteten Assoziationen, Gedanken und Ideen anzustellen vermag, die zaghaft am Rande unserer Aufmerksamkeit aufblitzen, von der Maschinerie allerdings als belanglos eingestuft werden. Gerade bei voller Konzentration werden solche »Randgedanken« in unserem Kopf nicht die geringste Chance haben. Was praktisch ist, wenn diese nebensächlichen Gedanken, wie bei Standardproblemen, nur ablenken.

Gelegentlich aber kann just im »Nebensächlichen«, im Ungewöhnlichen und Unerwarteten, sozusagen im mentalen Gorilla, die kreative Lösung für ein Problem liegen. Wir aber sehen die Lösung nicht, weil wir uns allzu sehr auf das vermeintlich Wesentliche fokussieren. Obwohl sich die Lösung die ganze Zeit vor unseren Augen befindet, sehen wir sie vor lauter Konzentration nicht. Erst wenn uns ein anderer zuvorkommt und uns auf die Sache hinweist, sind wir perplex: »Dass mir das nicht aufgefallen ist! Wieso bin ich da nicht drauf gekommen? Wie konnte ich nur so blind sein!« Nun, vielleicht weil wir uns zu sehr – auf das Falsche – konzentriert haben.

Falls an diesen Überlegungen etwas dran sein sollte, falls eine allzu ausgeprägte Konzentration für schöpferische *Klicks* im Kopf tatsächlich hinderlich ist, dann hieße das im Umkehrschluss, dass nicht nur gewisse Meditationstechniken, sondern praktisch jede aufmerksamkeitserweiternde Tätigkeit unsere Phantasie beleben müsste. Statt uns zusammenzureißen und unsere Aufmerksamkeit zu fokussieren, sollten wir beim Problemlösen, zumindest immer dann, wenn originelle Lösungen gefragt sind, nicht ununterbrochen auf größtmögliche Konzentration setzen, sondern vielmehr auch mal den entgegengesetzten Weg einschlagen und: loslassen.

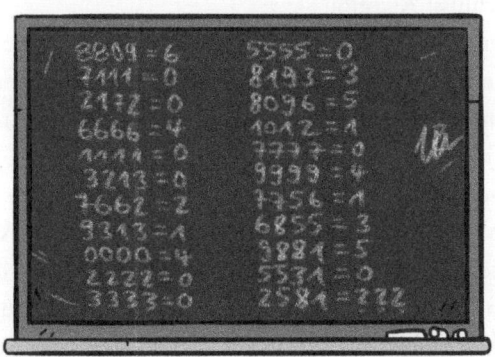

Finden Sie die Lösung? Meist dauert es eine Weile – nicht zuletzt, weil man sich lange auf das Falsche konzentriert.[44]

Radikal gesagt: Wer mit einer komplizierten Fragestellung oder einem Projekt nicht weiterkommt und einen akuten Kreativitätsschub braucht, könnte, ja sollte versuchen, seine Konzentration *gezielt zu zerstreuen*. Schluss mit dem angestrengten Nachdenken! Das klingt nach einer verrückten Strategie – sie widerspricht jeder Schulweisheit und wird, wie ich fürchte, nicht jedem Chef auf Anhieb gefallen. Die entscheidende Frage aber lautet: Ist diese Strategie wirksam? Was taugt sie?

Was Wodka, Schläfrigkeit und die Farbe Blau gemeinsam haben

Es gibt eine ganz einfache und angenehme Methode, die Theorie zu überprüfen und die Konzentration gezielt herunterzufahren. Wir nutzen sie millionenfach, viele von uns täglich, wenn auch interessanterweise (meist) erst nach Dienstschluss: Alkohol.

Sicher, die Vorstellung, dass Alkohol die Phantasie ankurbeln kann, stellt an sich noch keine revolutionär neue Idee dar. Künstler haben, es gibt dazu jede Menge Literatur[45], seit eh und je auf Alkohol und unzählige andere Drogen gesetzt, aus verschiedenen Gründen, nicht zuletzt aber, um in eine kreative Stimmung zu gelangen. Ein paar Drinks lockern die Gedanken schon allein deshalb, weil Alkohol unsere Hemmungen abbaut. So würde es mich nicht wundern, wenn wir in beschwipstem Zustand wilder malten oder ausgefallenere Ideen bei der Ziegelstein-Frage hervorbrächten. Gerade in diesem Fall wäre es wichtig, unsere Maßstäbe für das, was wir unter kreativem Denken verstehen, konservativ anzusetzen – am besten so streng und rigoros wie möglich.

Glücklicherweise gibt es eine Reihe von Kreativitätstests, die dieses Kriterium erfüllen. Eine der strengsten Prüfungen, was das kreative Denken betrifft, ist der so genannte Wortassoziationstest, im Original: »Remote Associates Test«, kurz RAT.

Wie bei einem üblichen Computerspiel lässt sich auch beim RAT der Schwierigkeitsgrad variieren, von relativ einfach bis anspruchsvoll (ich habe mich in Leiden auch an diesem Test versucht und kann Letzteres nur bestätigen). Der Test hat Ähnlichkeiten mit einigen IQ-Tests. So zeigt sich eine klare Korrelation zwischen der Leistung beim Wortassoziationstest und der Intelligenz einer Person.[46] Damit zusammenhängend und im Gegensatz zu vielen anderen Kreativaufgaben, wie etwa beim Ziegelstein-Klassiker, geht es beim Wortassoziationstest nicht darum, möglichst viele, auseinanderlaufende Antworten hervorzubringen, also »divergent« zu denken. Beim RAT ist vielmehr nur eine einzige Antwort richtig, was, jedenfalls am Ende, »konvergentes« Denken erfordert.

Der Test geht so: Man bekommt drei Begriffe präsentiert, und die Aufgabe besteht darin, ein Wort zu finden, das zu allen drei Begriffen, dem Triplett, passt. Beispiel:

Humor, Pech, Nacht

Welches vierte Wort lässt sich irgendwie mit diesen drei Begriffen verbinden?

Die Antwort lautet: schwarz.

Der Clou beim Wortassoziationstest ist, dass das Gehirn zunächst auf falsche Fährten geschickt wird, zumindest, wenn es konventionell denkt, da die jeweils naheliegendste Assoziation der Reizwörter nicht zur Lösung führt: Die Standardassoziation von Nacht ist Tag, die von Pech ist Glück. Auf die richtige Antwort kommt nur, wer die zwar entferntere, dafür aber zu allen Reizwörtern passende Assoziation im Kopf aufzuspüren weiß, deshalb auch *Remote Associates Test* (»remote« heißt entfernt) – es ist schade, dass dieser Aspekt des Nichtnaheliegenden in der Übersetzung, so sie halbwegs griffig sein will, verlorengeht. Es ist aber eben diese Eigenschaft, weshalb der RAT eher als Kreativitäts- denn als Intelligenztest eingestuft wird, auch wenn eine solche Trennung gerade in diesem Fall schwierig zu treffen ist.[47]

RAT-Aufgaben lassen sich auch so stricken, dass man das vierte Wort direkt an die Reizwörter drankleben kann, Beispiel:

Fieber, Versicherung, Welt

Lösung: Reise.

Damit Sie ein Gefühl für den Test bekommen, habe ich hier noch ein paar solcher Beispiele erstellt:

Essen, Beleuchtung, Straßen
Reserve, Fisch, Zahn
Loch, Ohr, Holz
Mädchen, Pflanze, Kinder
Bruder, Luft, Mund

Sollte Ihnen die Suche nach dem einen oder anderen Lösungswort schwerfallen, können Sie ans Ende des Buchs, zu dieser Endnote[48] blättern.

Oder Sie gönnen sich einen Drink. In leicht beschwipstem Zustand nämlich erhöhen sich Ihre Erfolgschancen beim RAT drastisch, wie die Ergebnisse eines Experiments Chicagoer Forscher nahelegen.

Das Wissenschaftlerteam bat Versuchskandidaten ins Labor, wo einem Teil von ihnen zur geistigen Aufwärmung drei Wodka-Cranberry-Cocktails pro Person serviert wurden. Ein anschließender Atemtest ergab, dass der Blutalkoholgehalt der Teilnehmer nach den Drinks bei rund 0,75 Promille lag (ab 0,5 Promille darf man im Straßenverkehr bereits mit einer empfindlichen Geldstrafe, vier Punkten in Flensburg sowie einem einmonatigen Fahrverbot rechnen).

Die Testpersonen der Experimentalgruppe waren somit zu betrunken zum Autofahren – dafür liefen sie beim Wortassoziationstest zu Hochtouren auf. Vom Wodka beflügelt, lösten sie nicht nur knapp 40 Prozent mehr Worttripletts als die nüchterne Vergleichsgruppe. Nein, obwohl Alkohol im Allgemeinen die Reaktionsgeschwindigkeit senkt, fanden die Beschwipsten das passende vierte Wort auch noch schneller als ihre nüchtern gebliebenen Kollegen. Selbst bei einem IQ-nahen Test wie dem RAT also scheint Alkohol, dessen Wirkung nicht zuletzt darin besteht, unsere Konzentration lahmzulegen, die Leistung zu fördern.[49] Was kein Plädoyer für ausuferndenden Alkoholkonsum sein soll. Denn im Umkehrschluss bestätigt das Ergebnis einmal mehr, dass kreatives Denken wahrlich nicht in jeder Situation gefragt ist: Beim Autofahren oder im Cockpit einer Boeing 747 zum Beispiel würde ich im Zweifel stets eine konventionelle

Denkweise bevorzugen (was mich betrifft, kann ein Flug gar nicht unkreativ genug verlaufen).

Dass ein Schwächen der Konzentrationsfähigkeit die Leistung beim Wortassoziationstest steigern kann, ist ein verblüffender Befund. Vernünftigerweise müsste man ihn als Kuriosum abtun, wäre es nicht so, dass sich das paradoxal anmutende Resultat nahtlos in eine immer buntere Palette von Studienergebnissen reiht, die aus den unterschiedlichsten Labors der Welt stammen und die, so verschieden die Versuchsansätze im Einzelnen sein mögen, allesamt auf das gleiche Prinzip weisen: Wer sich weniger konzentriert und mehr entspannt, erhöht seine Chancen auf eine originelle Einsicht. Wenn Sie diese These für unglaubwürdig halten, eine wissenschaftliche Rechtfertigung oder Ausrede fürs Trinken und Faulenzen, dann geht es Ihnen wie mir – bevor mich die vielfältige Evidenz eines Besseren belehrte.

In einer Studie gingen zwei US-Psychologinnen zunächst dem Schlafrhythmus von über 400 Studenten und Studentinnen auf den Grund. Wie nicht anders zu erwarten, erwiesen sich die meisten als konsequente Nachteulen und Langschläfer. Es gab aber auch eine kleine Minderheit von Frühaufstehern.

Als Nächstes konfrontierten die Forscherinnen die Teilnehmer mit einer Serie von unterschiedlichen Denkaufgaben. Einige dieser Rätsel ließen sich klassisch-analytisch, also Schritt für Schritt lösen, so wie einfache Mathematikgleichungen oder typische IQ-Aufgaben. Bei anderen Problemen hingegen half eine Schritt-für-Schritt-Herangehensweise nicht weiter. Die Lösung dieser Aufgaben erforderte einen Perspektivenwechsel, eine kreative Einsicht. Hier ein Beispiel:

Wasserlilien auf einem bestimmten See verdoppeln alle 24 Stunden ihre Ausdehnung auf der Oberfläche. Bei Sommeranfang schwimmt eine Lilie auf dem See, nach 60 Tagen ist er komplett zugedeckt. An welchem Tag ist der See zur Hälfte bedeckt?

Fast jeder versucht diese Frage zunächst zu lösen, indem er den Sommeranfang als Ausgangspunkt nimmt. Man beginnt zu rechnen, verdoppelt und verdoppelt die Lilien, steckt aber bald fest. Bis es hoffentlich irgendwann *klick!* macht und der Groschen fällt.[50]

Manche Studenten wurden morgens zwischen halb neun und halb zehn, andere gegen fünf Uhr abends mit den Aufgaben traktiert. Das Ergebnis fiel erneut überraschend aus – wenn man von der Annahme ausgeht, dass es auch für Aha-Erlebnisse auf volle Konzentration ankommt. Die Chance, eine Aufgabe wie das Lilienrätsel zu lösen, war nämlich just dann am größten, wenn sich die Studenten in ihrem chronobiologischen Tages*tief* befanden: Die Frühaufsteher erreichten ihr kreatives Hoch am Abend, die Nachteulen schnitten morgens in der Früh am besten ab. Bei den analytischen Aufgaben fiel die Tageszeit dagegen kaum ins Gewicht, tendentiell galt hier das Umgekehrte: je idealer die Tageszeit, desto besser die Leistung.

Auch in diesem Fall lautet die Erklärung des Forschungsteams: Allzu viel Konzentration steht dem Einfallsreichtum im Weg. Das Gehirn einer Nachteule befindet sich am frühen Morgen in einem benommenen Zustand, die Konzentration ist noch nicht ganz hochgefahren, das Denken ist durch die Konzentration noch nicht »verengt«. Bei den Lerchen ist es natürlich genau andersherum. Dieser Dämmerzustand erweist sich bei jenen Rätseln, die zum Knacken einen ungewöhnlichen Geistesblitz erfordern, als Vorteil.[51]

Ich weiß ja nicht, wie Sie vorgehen, aber mein üblicher Reflex besteht darin, meine morgendliche Müdigkeit so rasch wie möglich mit einer hochkonzentrierten Koffeindosis zu bekämpfen. Irgendwann abends, wenn angespanntes Konzentrieren mehr und mehr zu einem Kampf wird, lege ich die Arbeit nieder. Ich gönne mir ein Glas und schalte – statt mich jetzt noch einmal, vom Sauvignon Blanc gelockert, jenen ungelösten Problemen des Tages zuzuwenden – den Fernseher ein. Dieses Verhalten ergibt sich, wie ich meine, auch aus einem Weltbild, welches uns beibringt, dass jede Problemlösung und seriöse Arbeit ausgeschlafen und nüchtern am erfolgreichsten erledigt werden können. Warum? Weil sie auf eine hohe Konzentration angewiesen sind, während Unkonzentriertheit nur zu Fehlern führt: Wenn du unkonzentriert bist, kannst du genauso gut den Fernseher einschalten.

Diese klassische Arbeitsauffassung greift offensichtlich zu kurz. Zweifellos ist die Fehleranfälligkeit eines müden Gehirns erhöht. Im schläfrigen Zustand schweifen die Gedanken vermehrt ab, hin zu anderen, »nebensächlichen« Assoziationen, die uns immer wieder vom Wesentlichen wegbringen. Aber während die Konzentration geschwächt ist, erfährt unsere Aufmerksamkeit eine Erweiterung: Sie ist weniger fixiert, hüpft mal hier- mal dorthin, und beleuchtet auf diese Weise einen größeren mentalen Raum – was die Wahrscheinlichkeit für das Entdecken origineller Lösungen wachsen lässt.

Das offenbart auch eine dritte, großangelegte Studie kanadischer Forscher an insgesamt über 650 Testpersonen, erschienen im angesehenen US-Wissenschaftsmagazin *Science*. Obwohl das Versuchsdesign völlig anders aussah als das der soeben beschriebenen Studien, war der Grundgedanke der Forscher ähnlich: Eine Umgebung, die uns entspannt, so die zentrale Überlegung der Wissenschaftler, müsste unsere Aufmerksamkeit zerstreuen und somit unseren Einfallsreichtum steigern. Werden wir hingegen in eine leichte Alarmbereitschaft versetzt, schärft das unsere Wahrnehmung, was zwar unsere Fehleranfälligkeit verringert, gleichzeitig aber auch die Kreativität senkt.

Um den Grad der An- bzw. Entspannung ihrer Testpersonen gezielt zu verändern, nutzten die Forscher die Macht der Farben auf unsere Psyche. Die Farbe Rot zum Beispiel verspricht in der Regel wenig Beruhigendes (man denke an Blut). Im Gegenteil, Rot signalisiert im Großen und Ganzen: Achtung! Gefahr! Warnschilder sind meist rot ebenso wie die Feuerwehr, und der Rotstift wird nicht von ungefähr gefürchtet. Ganz anders die Farbe Blau. Blau erinnert an Ozeane und Himmel, an Weite, an den perfekten Urlaub. Blau beruhigt, Blau entspannt.

Die Forscher prüften diesen entgegengesetzten Effekt von Rot und Blau auf unsere Psyche mit der Hilfe von knapp einem halben Dutzend Tests. In einer Prüfung ließen sie die Teilnehmer am Computer Korrektur lesen, wobei der Bildschirm mal einen roten, mal einen blauen Hintergrund hatte. Resultat: Vor einem roten Hintergrund schnitten die Teilnehmer, vermutlich dank ihrer geschärften Aufmerksamkeit, eindeutig besser ab als vor einem blauen Hintergrund.

Rot hilft, wenn Präzision gefragt ist. Bei all jenen Aufgaben dagegen, die sich auf das kreative Denken der Teilnehmer konzentrierten, erwies sich Rot als geradezu schädlich, Blau jedoch als segensreich. Beispiel: Wer sich vor einem blauen Bildschirmhintergrund am Wortassoziationstest RAT versuchte, brachte mehr korrekte Antworten hervor, als jener, der den gleichen Test mit Rot vor Augen machte. Ebenso verhielt es sich bei der Ziegelstein-Frage: Wer beim Assoziieren Blau statt Rot sah, erzielte eine höhere Kreativitätsgesamtnote.

Ehrlich gesagt hat es mich schon etwas verblüfft, dass man mit Hilfe von Farben unseren Einfallsreichtum überhaupt messbar beeinflussen kann. Die Studie in *Science* ist durchaus seriös und sehr umfangreich, und doch: Bis die Effekte von anderen Gruppen bestätigt werden, scheint mir eine gewisse Skepsis angebracht.

Dennoch, bemerkenswert an der Studie ist die Beständigkeit, mit der die Farbe Blau eine inspirierende Wirkung hervorzurufen vermochte: Sobald die Aufgabe auch nur irgendeinen blauen Touch hatte, schien das den kreativen Kräften der Leute auf die Sprünge zu helfen. In einer Übung bot man den Testpersonen verschiedene geometrische Figuren dar, Vierecke, Kreise, Zylinder und dergleichen – entweder in blauer oder roter Farbe. Dann forderte man die Teilnehmer auf, aus den Figuren ein Spielzeug für ein Kind im Alter zwischen fünf und elf zu zeichnen. Eine anschließende Bewertung der Zeichnungen von zwölf unabhängigen Gutachtern ergab: Jene Versuchspersonen, welchen rote Figuren als Grundlage dienten, hatten zwar die praktischsten Spielzeuge entworfen. Die originellsten Spielzeuge jedoch stammten von den Testleuten, denen man blaue Figuren präsentiert hatte.[52]

Zusammengefasst: Rot schärft die Aufmerksamkeit, verengt sie damit aber zugleich und legt so unserer Phantasie Fesseln an. Wo es um Genauigkeit geht und darum, jeden noch so kleinen Fehler zu vermeiden, sollte man es vielleicht mit einer Nuance mehr Rot im Raum versuchen. Dort, wo Originalität und Phantasie gefragt und etwas mehr Fehleranfälligkeit erlaubt sind, könnte es sich auszahlen, die Wände blau anzustreichen.

Wenn das Gehirn offline geht, kommt die Phantasie in Fahrt

Es ist ein Sommertag im Jahr 1990, die junge, 25-jährige Frau – Joanne – sitzt im Zug und ist leicht gelangweilt. Die Fahrt, die sie in- und auswendig kennt, wird länger dauern als sonst, der Zug hat Verspätung. Joanne hat das Wochenende bei ihrem Freund in Manchester verbracht, wo die beiden eine Wohnung gesucht haben. Er würde gern mit ihr zusammenziehen. Noch aber arbeitet sie in London und muss dorthin zurück.

Joanne starrt gedankenverloren aus dem Fenster, auf vorbeiziehende Landschaften, dann auf ein paar Kühe – als wie aus dem Nichts eine Gestalt vor ihrem geistigen Auge erscheint, sehr konkret, detailliert wie ein Bild: ein elfjähriger Junge mit zerzaustem, schwarzem Haar, grünen Augen und einer runden Brille, die kaputt ist.

Nun überschlagen sich die Bilder und Einfälle, stürmen auf die Frau ein. Joanne durchwühlt ihre Tasche, kann aber keinen Stift finden (nicht einmal einen Eyeliner hat sie dabei[53]), um die sprudelnden Ideen niederzuschreiben: Der

Junge ist ein Waisenkind und ein Zauberer, der anfangs nicht weiß, welche magischen Kräfte in ihm schlummern. Er wird eine Zauberschule besuchen. Weitere Figuren gesellen sich zu ihm, und Joanne sieht ein Schloss vor sich, das sie in Wirklichkeit nie gesehen hat.

Als sie endlich in London ankommt, hat sie, diese mittellose Frau, die insgeheim davon träumt, Schriftstellerin zu werden, das Grundgerüst für sage und schreibe sieben phantastische Romane im Kopf.[54] Der Name ihres Helden, den sie so klar vor sich gesehen hat, fehlt noch. Sie wird ihn später Harry Potter nennen.[55]

Jahre nach dieser schicksalsverändernden Zugfahrt hat Joanne K. Rowling in einem Interview erzählt, sie hätte keine Ahnung, woher ihr damals der Einfall zu Harry Potter gekommen sei. »Ich denke, die Idee schwebte durch den Zug, auf der Suche nach jemandem, und da mein Geist gerade einigermaßen unbesetzt war, entschied sie sich eben, sich dort zu entfalten.«[56]

Ein »unbesetzter« Geist, das ist eine aufschlussreiche Beschreibung: J. K. Rowlings Geist war unbesetzt, und das musste er wohl sein, damit die Ideen für Harry Potter Platz darin finden konnten. Die Außenwelt – eine langweilige Zugfahrt, eine monotone Landschaft zieht sanft an ihren Augen vorbei und vorbei und vorbei – war für sie bei weitem nicht spannend genug, um ihre Aufmerksamkeit zu fesseln. Und so kehrte sich ihr Interesse von der Außenwelt ab, wandte sich nach innen und fand dort, immerhin, Harry Potter. Einer der größten internationalen Bücherfolge der Geschichte entsprang einem Tagtraum.

Tagträume stellen gleichsam die kognitiven Gegenspieler der Konzentration dar. Wenn Konzentration einer der mentalen Helden unserer Gesellschaft ist, gehören das gedankliche Wegdriften und das Tagträumen zu den Antihelden. Denn was tun wir, was geschieht in unserem Kopf, wenn wir uns nicht auf eine Sache konzentrieren? Wir hängen unseren Tagträumen nach. Konzentration heißt zwar nicht ausschließlich, aber doch zu einem erheblichen Teil: Konzentration auf die Außenwelt. Unser Gehirn richtet seine Aufmerksamkeit auf die Welt da draußen, auf den Unterricht, auf die Arbeit oder, wie momentan in Ihrem Fall, auf diesen Text: Ihr Geist ist mit der Verarbeitung dieses Satzes besetzt.

Bestimmt aber driften Sie beim Lesen dieses Buchs auch immer wieder weg: Ihre Augen gleiten womöglich noch über die Zeilen, Ihr Gehirn aber ist längst woanders. Ihre Gedanken wandern fort vom Buch, wenden sich anderen Welten zu. Irgendwann ertappen Sie sich vielleicht dabei, wie Sie ganze Absätze überflogen haben, ohne dass Sie sagen könnten, was Sie gelesen haben. Sie haben ja auch nicht wirklich gelesen, Sie haben Ihre eigenen Gedanken verfolgt, Sie haben sich Ihren Phantasien zugewandt. Ihr Gehirn hat sich aus der Welt gestohlen, es ist kurzfristig »offline« gegangen.

Das heißt, wenn wir uns nicht konzentrieren, bedeutet das nicht unbedingt, dass wir gar nichts tun würden, vielmehr begeben sich unsere Gedanken dann – oft – auf eine spontane Wanderschaft. Überhaupt kann man sagen, dass das Gehirn nie nichts tut, selbst dann nicht, wenn wir uns eine ausgiebige Verschnaufpause gönnen. Teils verhält es sich sogar genau umgekehrt: Es gibt eigens Hirnareale, die erst in dem Moment ihr neuronales Licht anschalten, wenn wir abschalten.

Diese Erkenntnis gehört zu den maßgeblichen Entdeckungen der Hirnforschung der letzten Jahre. Psychologen und Hirnforscher, die ihre Versuchskaninchen in einen Kernspintomographen schieben, behelligen diese ja üblicherweise stets mit einer ganz bestimmten Aufgabe, um dann zu ergründen, welche Hirnregionen aktiviert oder auch deaktiviert werden. Was aber tut das Gehirn eigentlich, sobald die Aufgabe erledigt ist? In den ersten Jahrzehnten der Neurowissenschaften kümmerte das keinen – beinahe so, als wäre man stillschweigend davon ausgegangen, dass unser Gehirn dann ohnehin ein belangloses Nickerchen halten würde.

Diese Sichtweise erfährt derzeit eine gründliche Revision. Mittlerweile interessieren sich Wissenschaftler nicht nur dafür, was unser Gehirn während der Arbeit an einer gewissen Aufgabe tut, sondern in zunehmendem Maße auch für das, was nach getaner Arbeit in unserem Kopf geschieht.

Die erste aufschlussreiche Erkenntnis dabei lautet: Das Gehirn fährt während einer Mußestunde seine Arbeitsprozesse nicht etwa flächendeckend herunter, um Energie zu sparen. Nein, es gibt eine spezifische, weitverzweigte Gruppe von Hirnregionen, die erst dann zum Leben erwacht. Man bezeichnet diese neuronale Offline-Koalition auch als »Default Mode Network«, grob übersetzt: als Standardmodus-Netzwerk. Wir können uns an der schwierigsten Mathematikaufgabe den Schädel zerbrechen – die Hirnfelder des Standardmodus- oder »Offline-«Netzwerks, wie ich es von nun an nennen werde, dämmern derweil seelenruhig vor sich hin. Sie kommen erst in Schwung, wenn wir uns von der Außenwelt abwenden.

Es ist, als wäre unsere Aufmerksamkeit, um J. K. Rowlings Metapher aufzugreifen, stets auf der Suche nach etwas, woran sie sich festkrallen könnte. Sobald da draußen etwas

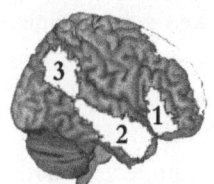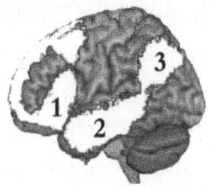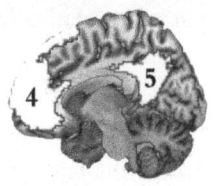

Die Hirnregionen des Offline-Netzwerks. Ganz links ist die rechte Hirnhälfte abgebildet, dabei ist es so, als würde man von außen durch den Schädel auf das Gehirn gucken (am äußeren linken Ende kann man sich den Hinterkopf vorstellen, am rechten Ende die Stirn, auf der Ebene der Ziffer 2 befindet sich ungefähr die rechte Schläfe). Das mittlere Bild zeigt die linke Hirnhälfte. Im dritten Bild ganz rechts sieht man von der linken Kopfseite tief ins Innere des Gehirns. Areal 1: ventraler präfrontaler Cortex, 2: Sulcus temporalis superior, 3: TPJ (temporo-parietaler Übergang, das J steht für das englische »junction«), 4: medialer präfrontaler Cortex, 5: Precuneus.[57]

los ist, etwas Neues, Wichtiges, Aufregendes, potentiell Gefährliches (zum ersten Mal selbst Auto fahren), ist unsere Aufmerksamkeit voll und ganz mit der Aufgabe beschäftigt. Für Tagträume gibt es jetzt keinen Platz, geistiges Abdriften wäre störend, unter Umständen tödlich. Das Offline-Netzwerk ruht.

Oft genug aber ist in der Außenwelt herzlich wenig los. Die Realität enttäuscht uns mit schnöder Routine (die gleiche Autofahrt zum hundertsten Mal, eine altbekannte Zugfahrt). Es gibt keine akute Aufgabe, die unsere gezielte Aufmerksamkeit erfordern würde. Wenn das der Fall ist, kann das Gehirn sich ausklinken und den Gedanken freien Lauf lassen. Die Hirnregionen des Offline-Netzwerks starten einen regen Informationsaustausch. Die Aufmerksamkeit wird weniger kontrolliert und fokussiert, sie richtet sich mehr nach innen, nicht auf eine objektive Aufgabe, die es zu lösen gilt, eine Mathegleichung etwa. Das Denken geht in einen lockeren, ungesteuerten oder auch reflektierenden Modus über. Erinnerungen werden wach, bei Rowling wohl auch Erinnerungen an die eigene, nicht ganz glückliche Kindheit, oder wir malen uns unsere Zukunft aus, schmieden Pläne, wenden uns unseren Sorgen und Hoffnungen zu – eine Assoziation führt zur nächsten.

Und während man so träumerisch vor sich hin sinniert, bleibt natürlich die reguläre gedankliche Arbeit liegen. Kein Wunder also, dass der Tagtraum in unserer Gesellschaft überwiegend gering geschätzt wird. Man stelle sich Rowlings Erklärung in der Schule oder im Büro vor! Da kommt also unser Lehrer oder Abteilungsleiter auf uns zu und fragt: »Und, womit beschäftigen Sie sich gerade?« – »Ich? Ach, mit nichts eigentlich, ich lasse meinen Geist zurzeit bewusst ein bisschen unbesetzt, Sie wissen schon, für all die großartigen Ideen, die da draußen umherschwirren, auf der Suche nach einem Platz, um sich niederzulassen …« Bekanntermaßen kann man sich keine gute Note oder steile Karriere herbeiträumen. All das gibt es nur durch harte Arbeit und Konzentration auf die Realität.

Nun soll es hier nicht darum gehen, die Konzentration zu verteufeln – das hieße ja bloß, in den umgekehrten Fehler zu verfallen. Gerade schöpferisches Denken aber scheint nicht bloß von konzentrierter Arbeit, sondern eben auch von ausgiebigem Tagträumen à la Rowling zu profitieren. Ja, man kann sagen: Erst wenn unser Gehirn loslässt und das Offline-Netzwerk in unserem Kopf hochfährt, gerät unsere Phantasie ins Sprudeln. Das legen Anekdoten wie Rowlings Zuggeschichte nahe. Zugleich weisen mehr und mehr experimentelle Befunde darauf hin.

Hier ein erster Befund: Bei Menschen, die von sich behaupten, häufig ihren Tagträumen nachzuhängen, wird das Offline-Netzwerk in Ruhephasen besonders stark aktiviert.[58] Ob diese Menschen womöglich eine blühendere Phantasie haben und vielleicht sogar messbar einfallsreicher sind als andere Zeitgenossen?

Die uns von der Cafeteria in Kapitel 1 bereits bekannte Psychologin Simone Ritter ist dieser Frage in einer Untersuchung nachgegangen. Mit dem Ziegelstein-Test prüften sie und ihre Kollegen der Universität Nimwegen den Einfallsreichtum einer Gruppe von Testpersonen. Anschließend vermaßen die Wissenschaftler mit Hilfe eines Kernspintomographen das Gehirn der Testleute, Millimeter für Millimeter. Es zeigte sich: Je höher die Probanden bei der Frage nach den Verwendungsmöglichkeiten eines Ziegelsteins gepunktet hatten, als desto dicker erwiesen sich bei ihnen spezifisch jene Hirnstrukturen, die Teil des Offline-Netzwerks sind. Je größer das Volumen des Offline-Netzwerks einer Person ausfällt, lautet deshalb das Fazit der Forscher, desto mehr neuronale Ressourcen stehen ihm oder ihr zum Hervorbringen origineller Einfälle zur Verfügung.[59]

Die Hirnareale des Offline-Netzwerks überdurchschnittlich einfallsreicher Zeitgenossen sind aber nicht lediglich rein anatomisch kräftiger ausgeprägt – sie kommunizieren im »Ruhezustand« auch reger miteinander, wie weitere Studien offenbart haben: Es ist, als würde die Phantasie, sobald es für das Gehirn einen Moment nichts zu tun gibt, gerade bei besonders schöpferischen Menschen besonders aktiv werden.[60]

Einige von uns scheinen also mit einem sowohl anatomisch als auch funktionell stärker entwickelten Offline-

Netzwerk ausgestattet zu sein als andere. Dabei könnte es sich um ein anlagebedingtes Phänomen handeln. Es könnte sich aber auch umgekehrt verhalten: Es wäre gut möglich, dass regelmäßiges Tagträumen und kreatives Denken nach und nach zu ausgeprägteren und aktiveren Offline-Netzwerk-Strukturen führen.[61]

Dass Übung Hirnstrukturen buchstäblich wachsen lassen kann, ist jedenfalls eine vielfach belegte Tatsache. Am bekanntesten in dieser Hinsicht ist wohl jene bereits etwas ältere Studie, in der man die Gehirne von Londoner Taxifahrern vermessen hat. Die Untersuchung stammt aus dem Jahr 2000, als noch nicht jedes Taxi mit einem Navi ausgestattet war. Der Befund: Je mehr Erfahrung der Taxifahrer hatte (manche fuhren erst seit anderthalb Jahren, andere kurvten seit Jahrzehnten durch die Stadt), desto größer waren bestimmte Abschnitte des Hippocampus, eine für das räumliche Gedächtnis zuständige Hirnstruktur.[62]

Das Gehirn hat somit durchaus gewisse Ähnlichkeiten mit einem Muskel: Was geübt wird, wird gestärkt. So könnte auch fleißiges Phantasieren die für das Phantasievermögen benötigten Hirnstrukturen sprießen lassen. Tagträumen wäre aus dieser Sicht keine nutzlose Zeitverschwendung, sondern vielmehr eine wirksame Kreativitätsübung. Aus dieser Sicht müsste man uns nachgerade zu üppigem Tagträumen ermutigen!

Untersuchungen der letzten Jahre untermauern diese Vermutung. So konnten die US-Wissenschaftler Benjamin Baird und Jonathan Schooler von der University of California in Santa Barbara nachweisen, dass Situationen, die uns zum Tagträumen verführen, das kreative Denken tatsächlich anregen.[63] In ihrem Versuch prüften die Wissenschaftler die

Testpersonen wie so oft mit dem Ziegelstein-Klassiker. Danach teilten sie die Leute in vier Gruppen: Manche wurden für die nächsten zwölf Minuten mit einer lästigen Gedächtnisaufgabe beschäftigt. Andere mussten einen hochgradig langweiligen Reaktionszeittest absolvieren, von dem man weiß, dass er uns zuverlässig dazu bringt, geistig abzuschalten. Eine dritte Gruppe durfte sich einfach entspannen, eine vierte Gruppe bekam gar keine Pause, sondern ging gleich zur nächsten Testphase über. Diese bestand für alle darin, die Kreativitätsübung zu wiederholen, die Frage nach dem Ziegelstein also noch einmal zu beantworten. Zusätzlich gab es noch einige neue Kreativaufgaben.

Das ungewöhnliche Resultat des Versuchs beschäftigt die Forscher bis heute. Was die neuen Aufgaben betrifft, so zeigte sich keinerlei Unterschied zwischen den Gruppen. Ganz anders dagegen fiel das Ergebnis bei der wiederholten Frage nach dem Ziegelstein aus: Jene Gruppe, die man mit Hilfe der stupiden Reaktionszeitaufgabe praktisch zum Tagträumen genötigt hatte, erfuhr im zweiten Durchgang einen kräftigen Kreativitätsschub. Im Gegensatz zu allen anderen, deren Leistung sich nicht verbesserte, blühten sie auf und gaben nun weitaus originellere Verwendungsmöglichkeiten für Ziegelsteine zum Besten: Das Wegdriften hatte ihre Inspiration beflügelt (wenn auch lediglich bei einer Aufgabe, mit der sie bereits zuvor konfrontiert worden waren, die also in ihrem Gehirn bereits »aktiviert« war).[64]

Nur warum zeigte sich diese Wirkung nicht auch bei jenen, die während der Unterbrechung einfach nichts getan hatten? »Die Frage gehört zu den meistdiskutierten bei uns im Labor«, wie mir der Studienleiter Benjamin Baird mitgeteilt hat. »Es könnte sein, dass die Leute in der Ruhephase einschlafen oder auf sehr bewusst-vorsätzliche Art und Weise anfangen, über persönliche Probleme zu grübeln.« Nichtstun garantiert nicht unbedingt gedankliches Loslassen. Eine simple Aufgabe dagegen würde sicherstellen, dass man wach bliebe, zugleich jedoch ein angestrengt-gezieltes Nachdenken unterbinden und die Phantasie stattdessen auf lockere Wanderschaft schicken, sie in allerlei Richtungen umherschweifen lassen.

Was lässt sich aus alledem schließen? Nehmen wir an, Sie denken über ein vertracktes Problem nach oder Sie arbeiten an einem kreativen Projekt. In totaler Abgeschiedenheit und Ruhe können Sie das sehr fokussiert tun, was von Vorteil ist, wenn Sie sich bereits auf dem richtigen Weg befinden: Konzentrierte Anspannung ohne Ablenkung ist gefragt.

Falls Sie diesen Weg aber erst noch finden müssen oder festsitzen, was ja bei jeder kreativen Arbeit immer wieder vorkommt, ist gerade eine gelegentliche Ablenkung hilfreich beziehungsweise eine Pause, in der Ihr Gehirn »offline« gehen kann. Einerseits ist Ihr Gehirn auf das Problem eingestellt. Anderseits sorgt die Ablenkung dafür, dass Ihr konzentrierter und damit verengter Gedankengang unterbrochen und von der phantasiereichen Arbeit des Offline-Netzwerks bereichert wird. Wenn alles gutgeht, kehren Sie mit frischem Blick an den Arbeitsplatz zurück, mit Ideen, die Sie zuvor nicht hatten, oder mit einer ganz neuen Perspektive auf Ihr altes Problem.

So arbeiten Genies

Das Gehirn wird sich im Offline-Zustand am ehesten spontan jenen Problemen und Themen zuwenden, die uns momentan im Innersten umtreiben. Das heißt, damit die Entspannung produktiv wird, muss sie gewissermaßen in den Dienst eines kreativen Projekts gestellt werden. Ein Blick auf die Arbeitsweise hochkreativer Menschen verdeutlicht vielleicht am besten, was das in der Praxis heißt.

Kreative Arbeit, allen voran die des Künstlers, stellen wir uns ja gern als krassen Gegensatz zu jener faden Routine des Vollblutbürokraten vor, der sich um Punkt 9 in sein Büro begibt, und wenn die Uhr 5 schlägt, beginnt unweigerlich der Feierabend. Der wahre Künstler hingegen »arbeitet« spontan, wenn ihn die Muse küsst. Inspiration lässt sich schließlich nicht erzwingen. Gute Einfälle kommen, wenn sie wollen, nicht wenn wir wollen.

Die Wirklichkeit sieht etwas anders aus, als dieses verstaubte Klischee suggeriert. Studiert man die Arbeitsgepflogenheiten bekannter Künstler sowie auch vieler anderer Kreativer, könnte man zunächst sogar den Eindruck gewinnen, als hätte man es mit den entschiedensten Bürokraten unter der Sonne zu tun.

Zum Beispiel: Wenn der japanische Schriftsteller Haruki Murakami an einem Roman arbeitet, wacht er um 4 Uhr morgens auf und schreibt fünf, sechs Stunden am Stück. Am Nachmittag joggt und/oder schwimmt er, liest, hört Musik. Um 9 oder 10 Uhr geht er ins Bett, und am nächsten Morgen fängt der Ablauf von vorne an. Das geht exakt so lange, bis er den Roman fertiggestellt hat. »Ich halte jeden Tag ohne Abweichung an dieser Routine fest«, sagt Murakami. »Die Wiederholung selbst ist das Wichtige; sie ist eine Form der Hypnose.«[65]

Nicht alle, natürlich nicht, aber viele Schriftsteller machen oder machten es wie Murakami. Thomas Mann schloss um 9 Uhr morgens die Tür zu seinem Arbeitszimmer, und das war ein sehr hermetisches Türeschließen: Von da an bis zur Mittagszeit war der Großdichter für jedermann unerreichbar, für Anrufe, Besucher, für die Familie. Den Kindern war es strengstens verboten, um diese Zeit Lärm zu machen. Das wiederholte sich möglichst jeden Tag, auch am Sonntag, auch im Urlaub.[66]

Thomas Manns britischer Kollege Charles Dickens ging mit seiner strikten Arbeitsroutine noch eine Spur beamtenmäßiger vor. Er stand um 7 Uhr auf, frühstückte um 8 und saß ebenfalls um 9 am Schreibtisch. Dort blieb er – komme, was wolle – sitzen bis 2 Uhr, auch an jenen verhassten Tagen, an denen ihm nichts einfiel. »Keine stumpfsinnige, monotone, konventionelle Tätigkeit«, so hat ein Bruder Dickens' dessen künstlerische Produktionsweise beschrieben, »hätte mit mehr Hingabe an Pünktlichkeit oder geschäftsmäßiger Gleichförmigkeit erledigt werden können, als seine Arbeit der Phantasie.«[67]

Der streng ritualisierte Arbeitsstil ist beileibe keine Schriftstellermarotte. In seinem Blog *Daily Routines* und dem daraus folgenden Buch *Daily Rituals* hat ein US-Autor namens Mason Currey die Arbeitsgepflogenheiten von über 160 berühmten Kreativen unter die Lupe genommen, von Autoren, aber auch von Malern, Musikern, Regisseuren,

Philosophen und einigen Wissenschaftlern. Der Befund: Die wenigsten von ihnen warteten oder warten darauf, dass vielleicht eines Tages eine kusslaunige Muse an die Tür klopft. Die meisten hielten oder halten sich, um ihr Gehirn in Gang zu bringen, an mehr oder weniger strenge Arbeitsroutinen.

Es mag paradox klingen, aber kreative Arbeit wird nicht davon begünstigt, dass man seinen Tagesablauf besonders kreativ gestaltet. Es gilt vielmehr: je phantasieloser man vorgeht, desto produktiver. (Was nicht unbedingt im Widerspruch zum segensreichen Schemaverstoß aus Kapitel 1 steht: Es ist ja beispielsweise durchaus möglich, auch im Ausland einem ritualisierten Arbeitsablauf zu folgen oder neben seiner festen Arbeitsroutine einen bunten Freundeskreis zu pflegen.) Wer jeden Tag auf das immer gleiche zeitliche Programm setzt, der befreit den Kopf von lästigen kleinen Entscheidungen. Er räumt den Weg frei für das Wesentliche und kann seine neuronale Energie auf das schöpferische Vorhaben lenken. Ein unverrückbarer Tagesablauf ist zudem ein wirksames Mittel gegen Prokrastination: Egal, wie die Laune oder das Wetter heute aussieht, egal, wie bescheiden es um der schöpferischen Stimmung bestellt sein mag, um 9 Uhr fängt die Arbeit an, Punkt, aus.

Der auffallende Unterschied zum Musterbürokraten ist dabei erstens: Bei den Kreativen ist der Arbeitsrhythmus zwar ritualisiert, immerhin aber handelt es sich um ihren ganz eigenen, individuellen Rhythmus. Niemand außer Haruki Murakami zwingt Haruki Murakami dazu, um 4 Uhr morgens aufzustehen. Zweitens: Typischerweise schuften die Kreativen einige Stunden am Stück – diese festen Arbeitsstunden aber werden so gut wie immer unterbrochen oder gefolgt von einer nicht selten ebenfalls festgelegten und oft sehr ausgiebigen Pause, die, und das ist entscheidend, *als Teil der Arbeit verstanden wird*. Verblüffend viele nutzen die Pause für einen Spaziergang.[68]

Tschaikowski ging nach dem Mittagessen zwei Stunden spazieren, wobei er öfters innehielt und Einfälle niederkritzelte, die er später am Klavier ausarbeitete.[69] Ähnlich tat es Beethoven: »Beethoven pflegte [...] mit Tagesanbruch aufzustehen und auch sogleich an den Schreibtisch zu gehen«, wie Beethovens Sekretär Anton Schindler beschrieben hat. »So arbeitete er bis 2–3 Uhr, die Zeit seines Mittagstisches. In der Zwischenzeit lief er wohl ein- oder zweimal ins Freie, wo er [...] ›spazieren[d] arbeitete‹, kam nach einer halben oder vollen Stunde wieder mit neuen Ideen nach Hause und schrieb sie nieder. Gleich wie die Biene aus den Blumen des Feldes ihren Honig sammelt, so sammelte Beethoven, im freien Felde herumlaufend, seine erhabenen Ideen; und diese plötzlichen Ausflüge [...] blieben sich in jeder Jahreszeit gleich, so dass ihn weder Kälte noch Wärme, weder Regen noch Sonnenschein hinderten.«[70]

Charles Dickens brach um 2 Uhr zu einem drei Stunden langen Spaziergang auf. Was nach einem gemütlichen Bummelnachmittag klingt, war in Wirklichkeit nichts weiter als die Fortsetzung seiner Arbeit mit anderen Mitteln: Dickens' Körper eilte durch die Straßen, während sein Geist an den Romanen weiterarbeitete.[71]

Kreative Arbeit ist wie das Jonglieren mit Bällen. Es bedarf meist großer Anstrengungen, um die Bälle in die Luft zu bekommen. Wird man abgelenkt und unterbrochen, fallen die Bälle nacheinander zu Boden, und man muss wieder mühsam in die Sache hineinfinden. Es gibt jedoch ein schmales Zeitfenster von Stunden bis (schätzungsweise) einigen Tagen, in dem die Bälle auf wundersame Weise oben bleiben. Innerhalb dieses Fensters sind entspannende, scheinbar »leere« Offline-Zeiten nicht nur nötig, sie sind sogar ausgesprochen produktiv. Die Gedanken sind noch wach, noch aktiviert, sie befinden sich in einem angeregten Zustand, statt aber von unserer konzentrierten Aufmerksamkeit allzu sehr in eine vorbestimmte Richtung gelenkt zu werden, bewegen sie sich nun, nachdem wir die Zügel gelockert haben, freier, sie schweifen umher, fangen an zu tanzen und kombinieren sich neu. Kurz: Kreative Arbeit ist angewiesen auf den regelmäßigen, ritualisierten Wechsel von An- und Entspannung.

Je mehr Alpha, desto origineller der Einfall

Schon vor Jahrzehnten unternahmen einige wenige Hirnforscher den Versuch, dem Rätsel der Kreativität experimentell auf die Schliche zu kommen. Zu diesen Pionieren gehörte der Amerikaner Colin Martindale, der das Projekt in den 1970er Jahren in Angriff nahm. Da es noch keine Kernspintomographen gab (die Entwicklung fing damals an), Martindale sich aber dafür interessierte, was das kreative Gehirn auszeichnet, musste sich der Psychologe einer anderen Technik bedienen.

Martindale griff zum Elektroenzephalogramm, dem EEG. Man befestigt Messelektroden an den Schädel einer Testperson, zeichnet deren Hirnströme auf und versucht auf diese Weise wie mit einer Art elektrischem Stethoskop ins Gehirn »hineinzuhorchen«.

Martindales Lieblingsfrage lautete, ob das Gehirn von besonders kreativen Zeitgenossen irgendwie anders funktioniert als das von Normalsterblichen, und falls ja, ob sich dieses gewisse Etwas womöglich in den Hirnströmen nachweisen ließe.

Martindale wurde tatsächlich fündig. So beobachtete er, dass sich das EEG von Menschen, die außergewöhnlich hoch beim Ziegelstein-Klassiker punkten, vor allem in einer Hinsicht vom Durchschnitt unterschied. Während sie sich an der Ziegelstein-Aufgabe abarbeiteten und eine Verwendungsmöglichkeit nach der anderen von sich gaben, legten ihre Hirnströme in einem ganz spezifischen Frequenzbereich einen Höhenflug hin. Es war der Bereich zwischen 8 und 12 Hertz, auch als »Alpha«-Aktivität bezeichnet.

Martindale ging dem mysteriösen Befund weiter nach. In einer folgenden Studie untersuchte er den Schaffensprozess einer Gruppe von Creative-Writing-Studenten. Der Forscher hatte die Lehrer des Creative-Writing-Seminars kontaktiert und um eine Einschätzung gebeten: Welche ihrer Schüler waren ihnen als besonders phantasievoll aufgefallen? Auf Basis der Lehrereinschätzung teilte Martindale die Studenten in zwei Gruppen: in die hochkreativen einerseits und die durchschnittlichen Kommilitonen andererseits. Der Forscher verkabelte alle Autoren in spe und bat sie, sich in den nächsten Minuten eine originelle Geschichte auszudenken (die »Inspirationsphase«), um diese dann danach auch zu Papier zu bringen (die »Ausarbeitungsphase«).

Wieder offenbarte sich bei der Analyse der Hirnströme ein Unterschied im Alpha-Frequenzbereich. Erstens erwies sich die Alpha-Aktivität bei den Phantasiebegabten als durchgehend erhöht. Darüber hinaus aber zeigten sie eine höhere Schwankungsbreite: In der Inspirationsphase war ihre Alpha-Aktivität extrem hoch, in der Ausarbeitungsphase dagegen sank sie stark ab, beinahe bis auf das Niveau der mittelmäßigen Schreiberlinge. Bei diesen blieb Alpha in jeder Phase auf einem gleichbleibenden, relativ niedrigen Level. Und noch etwas fand Martindale heraus: Nur wenn er die besonders begabten Studenten bat, eine möglichst hohe Originalität an den Tag zu legen, zeigte sich bei ihnen der Alpha-Aufschwung.[72]

So stellt sich also die entscheidende Frage, was sich hinter Alpha verbirgt. Leider existiert kein Lexikon »Gehirn-Deutsch«, in dem sich nachschlagen ließe, warum das Gehirn vermehrt elektrische Schwingungen in einem Frequenzbereich von 8 bis 12 Hertz von sich gibt. Bei der Entschlüsselung des EEG ist man auf Detektivarbeit angewiesen, auf Indizien.

Es gab allerdings von Anfang an ein sehr verräterisches Indiz, dessen sich auch Martindale bewusst war: Alpha setzt immer dann zu einem Höhenflug an, wenn wir die Augen schließen und uns entspannen. Aus diesen und anderen Beobachtungen zog Martindale den Schluss, dass Alpha eine allgemein heruntergefahrene Aktivität des Gehirns signalisiert. Später setzte man Alpha mit einer Art »Leerlaufzustand« des Gehirns gleich – eine Einschätzung, die bis heute vorherrscht. Das Gehirn hochgradig kreativer Zeitgenossen wäre so gesehen besonders gut im (gezielten) mentalen Flanieren.

Wie wir aber mittlerweile wissen, ist das Gehirn selbst dann, wenn wir uns entspannen und meinen, nichts zu tun, in hohem Maße aktiv. So stellt vermutlich auch Alpha-Aktivität weitaus mehr dar als ein bloßes Vor-sich-hin-Bummeln oder allgemeines Herunterfahren des Gehirns. Martindales

Interpretation von Alpha muss wahrscheinlich revidiert oder mindestens präzisiert werden.

Seine Grundbeobachtung jedoch, wonach Alpha und kreatives Denken zusammenhängen, ist in den letzten Jahrzehnten vielfach bestätigt worden.[73] Dazu ein Beispiel: Bittet man Testpersonen, über ungewöhnliche Fragestellungen zu grübeln (»Was würde sich verändern, wenn es keine Türschlösser mehr gäbe?«), ist es nicht nur so, dass ihre Alphawellen hochschnellen. Man kann sich auch die einzelnen Antworten der Versuchsteilnehmer ansehen und diese mit den Hirnströmen vergleichen. Als die Forscher Andreas Fink und Aljoscha Neubauer von der Universität Graz in Österreich das taten, stellten sie fest: Je mehr Alpha-Aktivität das Gehirn von sich gab, desto origineller war die hervorgebrachte Antwort.[74]

Das gleiche Wissenschaftlerteam ließ eine Gruppe von Testpersonen über einen Zeitraum von zwei Wochen täglich eine halbe Stunde lang ein kleines Training in Sachen assoziatives Denken absolvieren. Das Training bestand immerhin aus insgesamt 72 unterschiedlichen Aufgaben. Die Leute wurden zum Beispiel aufgefordert, sich Slogans für neue Produkte auszudenken, oder sie sollten sich Alternativnamen für vorhandene Produkte und dergleichen einfallen lassen (Wie könnte man Kaffee noch nennen? Beispiel: »flüssiger Wecker«). Selbstverständlich wacht niemand am Ende eines solchen Programms auf, um sich als ein zweiter Picasso wiederzufinden. Dennoch: Als sich die Testpersonen nach dem Training an eine Kreativitätsübung machten, offenbarte sich bei ihnen mehr Alpha-Aktivität als bei einer Kontrollgruppe – außerdem fielen ihre Antworten origineller aus.[75]

Daraus könnte man folgende Spekulation ableiten: Wem es gelingt, seine Alpha-Aktivität zu stimulieren, der dürfte damit zugleich seine kreativen Kräfte stärken. In einigen Labors wird diese Hypothese derzeit getestet. Manche versuchen sogar, Alpha direkt zu steigern.

Ein Forscherteam etwa verkabelte kürzlich seine Kandidaten mit Messelektroden und gab ihnen laufendes Feedback über die eigenen Hirnströme. Zuerst wurden die Teilnehmer mit einer recht schwierigen Version des Wortassoziationstests RAT konfrontiert. Überflüssig zu erwähnen, dass die Testpersonen nicht alle Aufgaben lösen konnten. Nach diesem ersten Durchgang teilte man die Personen in drei Gruppen. In Gruppe 1 ging es gleich weiter: Die Probanden sollten sich jetzt noch einmal an genau jenen Aufgaben versuchen, die sie im ersten Durchgang nicht gelöst hatten.

Das galt auch für Gruppe 2 und 3, nur dass diese zuerst eine ausgiebige »Pause« einlegen durften. Während der nächsten guten halben Stunde setzte man die Teilnehmer dieser beiden Gruppen vor einen Computer, auf dem ein grüner Balken zu sehen war, der sich nach oben und unten bewegen konnte. Das Ziel bestand darin, den Balken nach oben zu bewegen, und zwar durch die schiere Kraft der Gedanken, genauer gesagt: mit Hilfe der eigenen Hirnströme.

Der grüne Balken wurde nämlich von nichts anderem gesteuert, als von der Alpha-Aktivität der Testperson. Für alle Probanden von Gruppe 2 galt: Mehr Alpha ließ den Balken steigen. In Gruppe 3 galt das Umgekehrte – hier war es weniger Alpha, das den Balken nach oben beförderte. So wurden die einen per Neurofeedback, also der Rückmeldung der eigenen Hirnaktivität, dazu animiert, ihr Alpha anzutreiben, während die anderen ihr Alpha zu senken versuchten.

Neurofeedback ist erst mal ein bisschen verwirrend. Als Testperson muss man im Grunde durch Ausprobieren – zum Beispiel, indem man an etwas Beruhigendes denkt – herausfinden, wie sich die eigenen Hirnwellen verändern lassen. Der grüne Balken hilft dabei, weil er einem ständig Rückmeldung darüber gibt, ob man gerade die richtige Strategie verfolgt (zum Beispiel: Immer, wenn ich mir den letzten Maledivenurlaub ins Gedächtnis rufe, bewegt sich der Balken nach oben).

Um Gruppe 2 zu mehr Alpha zu verhelfen, gab man ihnen Instruktionen, die ein wenig an meine Breathfulness-Meditationssitzung erinnern: Die Teilnehmer sollten sich möglichst entspannen, sollten auf eine regelmäßige Atmung achten, ansonsten jedoch alle Gedanken und Gefühle an sich vorbeiziehen und sich stattdessen tiefer und tiefer in ihren Stuhl sinken lassen.

Das Ergebnis offenbart zunächst, dass sich eine kurze Unterbrechung generell günstig auf die kreative Problemlösefähigkeit auswirkt: Beide Experimentalgruppen schnitten im zweiten Durchgang besser ab als die Kontrollgruppe, die nicht in den Genuss einer Pause gekommen war. Die besten Resultate von allen erzielten jedoch die Teilnehmer aus Gruppe 2, die ihr Alpha gezielt hochfahren sollten. Auch hier ergaben sich allerdings einige aufschlussreiche Unterschiede. Denn nicht jedem war es im gleichen Maße gelungen, seine Alpha-Aktivität per Neurofeedback zu einem Höhenflug zu verhelfen. Manche hatten es nur in bescheidenem Maße geschafft, ihre Alphawellen zu beleben – entsprechend mager fiel ihre Leistung beim Wortassoziationstest aus. Dafür erwiesen sich jene Testpersonen, die im Laufe der halbstündigen Pause besonders erfolgreich darin gewesen waren, ihre Alpha-Aktivität anzukurbeln, als Klasse für sich: Sie lösten nun, im zweiten Durchgang, die mit Abstand meisten Aufgaben.[76]

Der Versuch demonstriert einmal mehr, dass Alpha auf irgendeine Weise mit Entspannung zu tun hat. Entspannung wiederum könnte dem kreativen Denken unter anderem deshalb guttun, weil gerade in den Momenten der Entspannung unsere Konzentration auf die Außenwelt nachlassen und unsere Phantasie erwachen kann. Entspannung öffnet das Tor zur Vorstellungswelt.

Aber Alpha als »bloße Entspannung« zu übersetzten, trifft es nicht ganz. In einem Experiment bat man Testpersonen zunächst, sich eine Serie von Figuren anzusehen oder eine Folge von Tönen anzuhören, um anschließend ein paar Fragen über die Reize zu beantworten, wobei es verschiedene Schwierigkeitsgrade gab (zum Beispiel ist die Frage nach der schlichten Anzahl einiger Figuren oder Töne leichter als die Frage, wie viele unterschiedliche Figuren oder Töne es gab). Im zweiten Teil des Versuchs musste man sich die gleiche Art von Reizen »lediglich« vorstellen. Es zeigte sich: Alpha erfährt genau dann einen Aufschwung, wenn sich die Testpersonen die Reize vorstellen müssen und der Schwierigkeitsgrad hoch ist.[77]

Alpha signalisiert somit nicht unbedingt Entspannung im Sinne von »gar nichts tun«. Ähnlich wie beim Offline-Netzwerk scheint es eher so zu sein, dass das Gehirn im Alphazustand seine Aufmerksamkeit von der Außenwelt abrückt – doch nicht, um dann in ein Nickerchen zu verfallen.

Vielmehr könnte der Realitätsrückzug der Preis sein, den das Gehirn zahlen muss, um sein Vorstellungsvermögen hochzufahren.[78]

Der Zusammenhang ist dabei vermutlich folgender: Je mehr Reize aus der Außenwelt wir bewusst wahrnehmen, desto mehr wird unsere Phantasie von eben diesen Reizen verdrängt. Wessen Aufmerksamkeit ganz und gar mit einer Aufgabe in der Welt da draußen beschäftigt ist (das alte Beispiel: zum ersten Mal Autofahren), der kann sich nicht zeitgleich, jedenfalls nicht, ohne einen Unfall mit Totalschaden zu bauen, eine siebenteilige Kinderbuchserie ausdenken.

Moderater formuliert: Sich zugleich etwas sorgfältig ansehen und bildlich vorstellen ist schwer. Es fällt uns viel leichter, uns etwas vorzustellen, wenn wir dabei die Augen schließen. Nicht umsonst gucken wir oft weg, irgendwohin ins Leere, wenn wir nachdenken oder versuchen, eine entfernte Erinnerung aus den Untiefen unseres Gedächtnisses hervorzurufen.[79] Sich ein Musikstück anzuhören und sich gleichzeitig eine Melodie einfallen zu lassen, ist unmöglich – vor allem wohl, weil beide Prozesse auf überlappende Hirnressourcen angewiesen sind: Entweder wir verwenden diese Ressourcen zur Wahrnehmung der äußeren Welt oder zur Erfindung eigener Welten.

Je mehr sich das Gehirn der Realität zuwendet, so könnte man es zusammenfassen, desto mehr muss es der Phantasie den Rücken zukehren, und umgekehrt. Es ist bestimmt kein Zufall, dass unsere Imagination in jenen Stunden maximal aufblühen kann, in denen sich das Gehirn praktisch komplett von der Außenwelt abgekapselt hat, wie nachts im Schlaf – was allerdings ein sehr unkontrolliertes Aufblühen ist. Zieht sich das Gehirn tagsüber aus der Welt zurück, wäre ein zwar schwächeres, dafür aber kontrollierteres Erwachen der Phantasie möglich. Wir können den Vorgang teils bewusst steuern und verfolgen. Eine gewisse Entspannung ist wahrscheinlich schlicht nötig, um in diesen »Kreativmodus« zu geraten. Entspannung heißt, dass man den Blick aktuell nicht unbedingt auf die Außenwelt richten muss: Weder geht von dort eine Gefahr aus, auf die wir achtgeben müssen, noch ist sie sonst wie von großem Interesse. Ein Umlenken der Aufmerksamkeit hin zu inneren Welten erscheint möglich, ohne dass wir unser Leben riskieren oder eine einmalige Chance verpassen würden.

Zu den Risiken und Nebenwirkungen der Ritalin-Gesellschaft

Gerade in der heutigen Zeit könnten sich die Erkenntnisse von der inspirierenden Kraft, die in der Entspannung, im Gedankenwandern und im Tagtraum liegen, als wertvoll erweisen, als heilsames »Gegengift«. Unsere Aufmerksamkeit wird mittlerweile nahezu ständig von der Außenwelt besetzt. Wir sind in einem Maße informationssüchtig geworden, das beispiellos ist.[80] Sobald sich auch nur die kleinste Spannungslücke auftut, stutzen wir: Irritation macht sich breit, und wir greifen zu irgendeinem elektronischen Gerät, um den Informationsentzug zu beseitigen. »Leere« Offline-Perioden lassen sich kaum noch ertragen (selbst wenn bereits jede Menge los ist, greifen wir zu einem Gerät). Wer es wagt, ohne Telefon das Haus zu verlassen, kommt uns als anachronistische, ja fast ketzerische Figur, als Freak vor. Wer tut so was?

Nicht nur, dass in dieser toten Zeit die Arbeit liegenbleibt. Wir laufen auch die Gefahr, dass wir wichtige Informationen verpassen. Die schicksalsverändernde Nachricht, die lebensrettende E-Mail. Wir verlieren den Anschluss an die Welt.

Aus Sicht der Kreativität stellt sich die Sache anders dar. Aus der Perspektive des Offline-Netzwerks verpasst gerade derjenige, der ständig online ist, etwas Entscheidendes. Mit jedem nervösen Klick durchs Netz zappen wir unsere Alphawellen weg.

Statt also, wie ich eben versucht war, zum 183. Mal am Tag die Mailbox zu checken oder die letzte Meldung auf Facebook anzuklicken, könnte es sich lohnen, den entgegengesetzten Weg einzuschlagen und sich in einer gesunden Portion Ignoranz zu üben. Vor allem: Wenn man schon mal den geliebten Arbeitsplatz verlässt und rausgeht, dann sollte man es auch richtig tun und nicht noch beim Ausflug ständig mit dem iPhone flirten. Insgesamt am schöpferischsten ist vermutlich, wer einerseits ritualisiert seine Arbeit verfolgt und es andererseits wagt, regelmäßig sämtliche Geräte, die piepsen und blinken können, konsequent auszuschalten und eine Weile offline zu verbringen, im Freien, zwischen Bäumen und Gras, umgeben von (echtem) Zwitschern und zirpenden Grillen.

Einige wenige Tage offline in der Natur können jedenfalls nachweisbar frischen Wind in unser Oberstübchen bringen. In einer Studie hat man die Probe aufs Exempel gemacht und Dutzende von Testpersonen aus ihrem gewohnten Onlineparadies verbannt, und zwar ging es in die Wildnis, zum Wandern und Bergsteigen. Einzige Regel: Der Griff zu iPhone & Co. war strikt untersagt. Mit dem Wortassoziationstest RAT prüfte man das kreative Denken der Teilnehmer. Eine Gruppe absolvierte die Prüfung am Morgen vor dem Ausflug. Eine andere wurde am Morgen des vierten Tages inmitten der Wildnis getestet. Das Ergebnis: Die Teilnehmer der zweiten Gruppe lösten, nachdem sie drei Tage lang durch rein analoge Landschaften gewandert waren, knapp 50 Prozent mehr Worträtsel. Die sanfte, relativ gleichbleibende, hyperlinklose (wenn man so will: verhältnismäßig langweilige) Welt der Natur erlaubt es dem Gehirn, die Aufmerksamkeit von der Außenwelt abzuziehen, wie die Forscher mutmaßen. Befreit von jener Aufmerksamkeit heischenden Fessel namens Internet, atmet unser Geist auf, das Offline-Netzwerk nimmt seine Tätigkeit auf und lässt die Phantasie schweifen.[81]

Ist es nicht ironisch, dass wir inzwischen schon zum Abschalten animiert werden müssen? Offenbar sind wir dermaßen davon überzeugt, dass Mußestunden nichts anderes darstellen als Zeitverschwendung, dass wir, koste es, was es wolle, an unseren Bildschirmen klebenbleiben. Noch in jenen Momenten, in denen unser Geist vollkommen ausgelaugt und matschig ist und die Ahnung in uns auftaucht, dass eine entspannte Runde durch den Park gerade wirklich vernünftiger wäre, bleiben wir sitzen, um vor unseren Kollegen, unserem Chef oder uns selbst zumindest den Anschein der Produktivität zu erwecken.

Ein wichtiger Bereich, der von unserer herkömmlichen Produktivitätsvorstellung ebenfalls stark geprägt ist, betrifft den Umgang mit unseren Kindern. Kinder zeichnen sich ja unter anderem dadurch aus, dass sie noch nicht über unser Maß an Konzentrationsfähigkeit verfügen. Selten sind sie über längere Strecken bei der Sache, ständig koppeln sie sich von der Realität ab, verlieren sich in irgendwelchen Tagträumen und Phantasiewelten, wo sie sich mit imaginären Freunden oder Figuren treffen (nicht alle Kinder pflegen imaginäre Freundschaften, Untersuchungen weisen darauf hin, dass solche, die es tun, phantasiereicher und kreativer sind[82]).

Selbstverständlich ist es wichtig, dass wir unseren Kindern gezieltes Fokussieren und konzentriertes Arbeiten beibringen. Eine andere Frage lautet, wie ratsam es ist, dies mit jenem Ehrgeiz zu tun, wie wir ihn bisweilen entwickeln. Es ist ja bekanntlich längst so, dass jedes Kind, das auch nur eine milde Konzentrationsschwäche erkennen lässt, umgehend im Verdacht steht, an einer Aufmerksamkeitsdefizit-Hyperaktivitätsstörung (ADHS) zu leiden, die medikamentös behandelt werden muss. Nur: Welches Ausmaß von kindlicher Konzentrationsfähigkeit ist eigentlich normal oder wünschenswert, und wer bestimmt das auf welcher Grundlage? Was heißt es, wenn sich ein Kind nicht auf den Unterricht konzentrieren kann? Liegt das am Kind oder am Unterricht?

Ist es ein Zufall, dass viele von uns gerade Kindern eine hohe Kreativität attestieren? Könnte dies, im Licht der neuen Erkenntnisse zum Thema (zerstreuter) Konzentration und Kreativität, mehr als eine bloße Koinzidenz sein? Und weiter: Wäre es möglich, dass unsere Diagnose- und Therapiewut in Sachen Zappelphilipp-Syndrom auch von einem Weltbild getrieben werden, das von diesen Erkenntnissen wenig weiß, ja demzufolge umgekehrt Konzentration das A und O für jeden Lebenserfolg darstellt? Sicher, wenn man Konzentrationsfähigkeit als die alles entscheidende Grundfähigkeit einstuft, erscheint es schon fast als logischer Schluss, jegliches Defizit in der Hinsicht als Krankheit einzustufen, die möglichst flächendeckend und radikal behandelt werden muss. Also her mit dem Ritalin!

Damit es hier nicht zu Missverständnissen kommt: ADHS ist eine handfeste Erkrankung, und zahlreiche tatsächlich betroffene Kinder profitieren von Medikamenten. Der Umstand jedoch, dass ADHS zu einer Modekrankheit geworden ist, hängt offensichtlich auch damit zusammen, dass Konzentrationsschwächen, die man einst als weitgehend normal empfand – regelmäßiges Wegdriften und Tagträumen wurde noch als das betrachtet, was Kinder nun mal auszeichnet –, mittlerweile als krank eingestuft werden, und wer krank ist, der braucht Medikamente. (Nicht zuletzt unter dem Gesichtspunkt, dass wir unseren Kindern fokussiertes Arbeiten beibringen müssen, stellt sich auch die Frage, was genau ein Kind vom Einnehmen eines Medikaments lernt.)

Zu den unerwünschten Nebenwirkungen dieser ausufernden Therapiebemühungen könnte nicht zuletzt gehören, dass wir Facetten der kindlichen Kreativität wegtherapieren. Ausgerechnet Menschen nämlich, die unter ADHS leiden, warten in Kreativitätstests häufig mit den originellsten Antworten auf. Statt etwa bei der Ziegelstein-Frage bloß konventionelle Ideen von sich zu geben (dass man damit eine Mauer oder ein Haus bauen könne, wie ich in Leiden geistreich vorschlug), kommen sie beispielsweise auch darauf, dass man den Ziegelstein zermalmen könnte, um ihn als eine Form von Lippenstift zu nutzen.[83]

Ja, Zeiten angespannter Konzentration sind von großer Bedeutung, auch für die Kreativität. Kreativität auf hohem Niveau erfordert, wie wir im nächsten Kapitel sehen werden, in der Regel jahrelange konzentrierte Arbeit. Dennoch: Untersuchungen demonstrieren, dass ADHS-Betroffene nicht nur in Tests, sondern auch im wahren Leben – vom musikalischen Bereich über wissenschaftliche Entdeckungen und Erfindungen bis hin zum Kochen – oft mehr Einfallsreichtum unter Beweis stellen als die sogenannten Normalen unter uns.[84]

Ein anderes Beispiel. In den USA gibt es eine angesehene Auszeichnung namens MacArthur Fellowship, die auch den Spitznamen »Genie-Preis« trägt, weil die Auszeichnung nur an die kreativsten unserer Zeitgenossen vergeben wird, egal, in welchem Bereich diese tätig sind. Zu den Preisträgern gehören unter anderem die Romanciers David Foster Wallace und Cormac McCarthy, der Mathematiker Andrew Wiles, der den großen Satz Fermats bewies, sowie der String-Physiker Edward Witten, für manche eine Art Wiedergänger Einsteins (der selbst ein großer Tagträumer war).[85] Forscher haben eine Gruppe von MacArthur-Preisträgern nach ihrer Kindheit befragt und stießen dabei auf eine bemerkenswerten Gemeinsamkeit: Im Vergleich zu einer Kontrollgruppe zeichneten sich die Preisträger dadurch aus, dass sie in ihrer Kindheit rund doppelt so häufig in imaginären, sehr detailreich ausgeschmückten Welten verbracht hatten, in die sie in Gedanken immer wieder zurückgekehrt waren, teils über Monate oder selbst Jahre hinweg. Gerade die späteren »Genies« hatten sich als Kinder besonders ausgiebig, um nicht zu sagen in systematischer Weise aus der Welt ausgeklinkt und sich dafür ihrer hochgradig elaborierten Phantasiewelt hingegeben.[86]

Wenn sich unser Gradmesser für geistige Leistungsfähigkeit darauf beschränkt, wie gut wir im Unterricht über Stunden hinweg aufpassen können, dann muss man jedes Ausklinken und jeden Konzentrationsmangel als reine Schwäche oder Störung einstufen. Wie sich aber herausstellt, gibt es mentale Bereiche, die von etwas Zerstreuung zu profitieren scheinen. Gewisse Formen des Tagträumens in der Kindheit könnten sogar eine Vorstufe kreativer Höchstleistung im Erwachsenenalter darstellen. Würden wir erkennen, dass sich aus träumerischem Wegdriften nicht immer nur Leistungsdefizite ergeben, sondern dass ebendiese Momente zu jenen magischen gehören, in denen das schöpferische Denken erwacht, würden wir eventuell zu einer nuancierteren Sicht dessen gelangen, was als »produktiv« und »unproduktiv« gilt. Womöglich würden wir dann auch bei unserem therapeutischen Großeinsatz gegen jegliche »Konzentrationsstörung« eine Spur umsichtiger vorgehen.

3

ÜBER DIE
LEBENSLANGE LUST
AN DER NEUGIER

Ich habe keine besondere Begabung,
sondern bin nur leidenschaftlich neugierig.

– Albert Einstein[87]

Kinder sind schöpferischer als Erwachsene – und umgekehrt

Folgende Geschichte wurde von dem britischen Pädagogen und Bildungsexperten Ken Robinson überliefert. Sie handelt von einem sechsjährigen Mädchen, das normalerweise dem Schulunterricht nicht viel Aufmerksamkeit schenkte. In der Zeichenstunde jedoch war dieses Mädchen ganz bei der Sache. Eines Tages saß es bereits seit mehr als 20 Minuten über ein Blatt Papier gebeugt, versunken in eine Zeichnung, vollkommen absorbiert von dem, was es tat. Irgendwann fragte die Lehrerin, was es denn da malen würde. »Ich male ein Bild von Gott«, sagte das Mädchen, ohne aufzusehen. Die Lehrerin staunte nicht schlecht und erwiderte: »Aber niemand weiß, wie Gott aussieht.« Woraufhin das Mädchen meinte: »Warten Sie einen Moment, gleich wissen Sie es.«[88]

Die Anekdote erinnert mich an jenes berühmte »Hummel-Paradox«. Das Paradox geht so: Eine durchschnittliche Hummel besitzt 0,7 Quadratzentimeter Flügelfläche und wiegt 1,2 Gramm. Den Gesetzen der Aerodynamik gemäß ist es angeblich unmöglich, bei diesem Zahlenverhältnis in die Luft abzuheben. Die Hummel weiß das nicht und fliegt trotzdem.

Die Hummel weiß nicht, was sie alles nicht kann. Sie fliegt einfach. Gerade weil Kinder noch nicht wissen, was alles nicht geht und was man nicht darf, malen sie spontan drauflos, wild, unbefangen, frei ... sie malen Gott und die

Welt, sie malen, erzählen und spielen jenseits aller die Kreativität einschränkenden Regeln und Konventionen.

Wie blass wir Erwachsenen dagegen aussehen! Haben Sie schon einmal Ihre Freunde oder Kollegen gefragt, ob sie sich für kreativ halten? Für gewöhnlich stößt man dabei auf verhaltene Reaktionen. Fragt man dann aber, wie das war, als sie noch ein Kind waren, sieht die Sache plötzlich ganz anders aus.

Jedes Kind ist ein Künstler, soll Picasso gesagt haben, die Herausforderung bestehe darin, ein Künstler zu bleiben, wenn man groß wird.[89] Und hatte Picasso nicht recht? Kinder sind so viel leichter für verrückte Ideen zu begeistern als Erwachsene. Kinder sind wahrscheinlich die neugierigsten Wesen, die es überhaupt gibt. Sie haben noch nicht gelernt, dass man unter Umständen als blöd gilt, wenn man naive Fragen stellt oder das Unmögliche versucht. Kinder sind für alles offen – nicht die schlechtesten Voraussetzungen für die Phantasie, für das Neue und die Kreativität.

Viele halten es mit Picasso und haben das Gefühl, dass sie als Kind noch diese unverfälschte Frische und Originalität besaßen, die ihnen dann aber aberzogen wurde, durch langweiligen Unterricht, stupides Auswendiglernen, durch eine systematische »Verschulung« ihres Gehirns. Womöglich also kommt es nicht darauf an, Kreativität explizit zu fördern, sondern darauf, die in uns angelegte Kreativität bloß nicht durch allzu viel Bildung zu ersticken? Schadet Wissen dem Einfallsreichtum? Wie verhalten sich Neugier und Lernen zueinander? Geht das eine zwangsläufig auf Kosten des anderen? Das ist das Thema dieses Kapitels.

Vorweg muss man eine wichtige Unterscheidung treffen: Das Originelle und das Kreative sind zwar eng verwandt, sie sind aber nicht identisch. Mag sein, dass ein Kind auf die Idee kommen kann, Gott zu malen, und es mag dabei auch etwas Ungewöhnliches herauskommen. Und doch hat noch nie ein Grundschullehrer beobachtet, wie einer seiner Schützlinge etwas zu Papier bringt, das auch nur im Entferntesten an *Die Erschaffung Adams* erinnert.

Klar, auch die allermeisten Erwachsenen sind nicht in der Lage, die Deckenfresken der Sixtinischen Kapelle zu malen. So leicht aber ist der Einwand nicht von der Hand zu weisen. Selbst Michelangelo musste ja erst mal erwachsen werden, um *Die Erschaffung Adams* hinzubekommen (er war Mitte 30, als er damit anfing, davor hatte er schon als Kind in Florenz »jede freie Minute« mit dem Zeichnen verbracht, hatte ständig den Umgang mit Malern gesucht, und als 13-jähriger Knabe war er, statt die Schulbank zu drücken, von dem Freskospezialisten Domenico Ghirlandaio im Malen unterrichtet worden[90]). Was also fehlte dem großen Michelangelo als kleiner Junge? Was hält Kinder, bei aller Originalität, die sie an den Tag legen, davon ab, kreative Meisterwerke zu schaffen?

Die Antwort klingt zunächst denkbar simpel, führt uns aber einen zentralen Aspekt dessen vor Augen, was Kreativität, vor allem hohe Kreativität, im Kern ausmacht. Außerdem gibt sie uns einen Hinweis darauf, warum kreative Meisterwerke etwas Seltenes sind: Für Kreativität müssen zwei Komponenten zusammenkommen, die sich üblicherweise nicht gut miteinander vertragen.

Was die erste Zutat betrifft, sind Kinder unschlagbar. Kinder sind an Originalität kaum zu überbieten. Sie haben diese durch und durch spielerische Art, auf die Welt zuzugehen. Ihre Phantasie kennt keine Grenzen. Was ihnen dagegen weitgehend fehlt – wohlgemerkt, für hohe Kreativität, wie sie generell definiert wird und wie ich den Begriff hier verwende –, ist jene zweite Komponente, die mit Kenntnissen, Fertigkeiten und Erfahrung zu tun hat. Eine wahrhaft kreative Schöpfung ist eben nicht nur ungewöhnlich, neu oder originell.

Wer sich jeden Morgen, bevor er das Haus verlässt, einen siebeneckigen, mintgrünen Hut mit roten Sternchen auf den Kopf setzt, der beweist zweifellos eine Neigung zur Unkonventionalität. Wahrscheinlich handelt es sich bei der farbenfrohen Kopfbedeckung um etwas historisch Einmaliges, sie ist durchaus originell. Sie ist aber, folgt man der strengen Zweikomponentendefinition, nicht sonderlich kreativ. Anders ausgedrückt: Das fertige Gottesbild des sechsjährigen Mädchens will, von den Eltern abgesehen, die ganz vernarrt sind in das Kunstwerk, vermutlich niemand an die Wand hängen, es wird nie seinen Platz in einer angesehenen Galerie finden, nie versteigert werden oder in einem Katalog auftauchen. Dazu bedarf es einer gewissen Qualität, die man nur erreicht, indem man das jeweilige Handwerk lernt, was Jahre dauert.

Zahlreiche Beobachtungen und Studien[91] in diesem Zusammenhang sprechen für jene »Zehnjahresregel«, nach der man sich mehr oder weniger zehn Jahre in ein Feld vertiefen und ganz und gar damit vertraut werden muss, um es auf dem Gebiet, sei es nun Malerei, Mathematik oder Popmusik, zu einer kreativen Höchstleistung zu bringen. Um etwas objektiv Neues von Wert hervorzubringen, muss man sich ja unter anderem erst einmal einen Überblick darüber verschaffen, was es alles schon gibt und was nicht. Welche Stile sind längst durchgenudelt? Welche Fragen sind noch nicht gelöst, prinzipiell aber lösbar? Was liegt, mit dem derzeitigen Wissen und den derzeitigen Techniken, im Bereich des Möglichen, auch wenn sich bislang noch kaum jemand daran versucht hat?

Wer auf hohem Niveau schöpferisch tätig sein will, muss sich zum Experten machen, er muss seine Fähigkeiten ausbauen, trainieren, perfektionieren, und das braucht Zeit. Ein (zugegeben eher hochgegriffenes) Beispiel: Im Jahr 1895 stellte sich Albert Einstein als 16-jähriger Junge in einem Tagtraum vor, wie es sein würde, auf einem Lichtstrahl zu reiten. Und wann fand er eine für ihn einigermaßen zufriedenstellende Antwort? Richtig, im Jahr 1905, mit seiner speziellen Relativitätstheorie. Zehn Jahre später.[92]

Auf diese »Zehnjahresregel« stößt man beim Werdegang hochkreativer Menschen auffallend häufig, egal, ob man den Werdegang der Beatles, den von Weltklasseviolinistinnen oder internationalen Schachmeistern analysiert.[93] Die Zahl 10 ist dabei »nur« eine Durchschnittsziffer, eine grobe Richtschnur.[94] Das Entscheidende ist: Es gibt so gut wie keine Spitzenleistung, auch keine kreative, die ohne intensives Üben, einfach so, spontan hervorgebracht wurde. Wir mögen Kreativität mit kindlicher Spontanität in Verbindung bringen – gerade in ihrer höchsten Ausprägung jedoch ist sie letztlich stets das Resultat von langjähriger Arbeit.

Das Gesetz der Übung trifft sogar auf den Inbegriff des Kindergenies zu, Wolfgang Amadeus Mozart. Mozart hat bekanntermaßen schon als kleiner Junge mit dem Komponieren angefangen. Wie allerdings eine Analyse der Handschriften ergeben hat, stammen wohl viele dieser frühen Kompositionen teilweise oder vollständig vom Vater. Leopold Mozart übrigens war nicht nur selbst Komponist und lange Vizekapellmeister in Salzburg, sondern auch ein ehrgeiziger Musiklehrer und Verfasser eines Buchs mit dem Titel *Gründliche Violinschule* – eines der ersten Bücher zum Thema Violinunterricht überhaupt. Mozart hatte nun wahrlich ein Gespür für Noten, mindestens ebenso erstaunlich aber war, dass man ihn nicht zum Üben zwingen musste (dass er sich damit die Zuneigung seines Vaters erarbeitete, spielte freilich eine große Rolle). Schon mit drei, vier Jahren verbrachte er »endlose Stunden am Klavier«.[95] Das Klavier war sein Spielplatz, von dem man ihn abends wegzerren musste. Und doch, bei aller Begabung, Übung und dem wohl besten Privatunterricht, den man sich vorstellen kann: Als erstes eigenständiges Meisterwerk gilt, so manchem Experten zufolge, Mozarts Klavierkonzert Nr. 9 in Es-Dur, KV 271, auch »Jeunehomme« genannt. Mozart schrieb dieses Stück im Jahr 1777. Er war damals 21 Jahre alt.[96]

Um es zusammenzufassen: Eine schöpferische Leistung von »objektiv« hohem Wert ist unmöglich ohne mühsam eingeübte Fähigkeiten und ohne Ansammlung eines gehörigen Wissens- und Erfahrungsschatzes. Genau das ist die Zutat, die Kindern natürlicherweise fehlt.

Umgekehrt fehlt uns Erwachsenen meist ebenfalls etwas. Obwohl praktisch jeder von uns als Kind diese schöpferische Ader besitzt, gibt es am Ende nur eine Handvoll Michelangelos, Mozarts und Einsteins. Warum? Eigentlich müssten wir uns mit dem ganzen Üben und Lernen im Laufe unseres Lebens doch immer mehr den optimalen Voraussetzungen für kreative Höchstleistungen nähern? Gepaart mit unserer ursprünglichen Originalität, müssten wir als Erwachsene so gut wie alle, jedenfalls weit häufiger, als man in der Praxis beobachtet, zu Meisterwerken in der Lage sein. Warum ist das nicht der Fall? Wieso bleibt der Künstler in uns mit den Jahren auf der Strecke?

Eine Antwort ist: weil sich jene beiden ausschlaggebenden Zutaten, die für hohe Kreativität nötig sind, zueinander verhalten wie Wasser zu Feuer. Es sind Gegenspieler. Je mehr Wissen wir ansammeln, desto mehr wird unsere brennende Neugierde von eben diesem erlangten Wissen gelöscht. Erwachsenwerden heißt aus dieser Sicht: zugleich wissender und fähiger *und* weniger hungrig werden. Die Erfahrungen, die wir machen, sättigen uns, wie eine Mahlzeit den Hunger stillt. Wer Bescheid weiß, muss die Welt nicht mehr erforschen, er muss nicht mehr experimentieren. Er kann sich auf seine bewährten Schemata verlassen.

Auch die Phantasie leidet: Als Kind füllen wir die unerklärliche Wirklichkeit noch an allen Ecken und Enden mit den wildesten Vorstellungen aus (so *könnten* die Dinge sein), aber an die Stelle von Phantasie treten Fakten (so *sind* die Dinge). Und das Sich-Wundern und Fragen nimmt allmählich ab oder hört ganz auf: Wer Antworten hat, muss sich nicht mehr wundern. Er muss nicht mehr andauernd naiv fragen, er *ist* nicht mehr naiv.

Doch selbst wenn dieser Entwicklungsverlauf typisch sein mag – es geht auch anders. Einstein hat einmal, nicht ohne die ihm eigene Ironie, versucht, das Geheimnis seiner Kreativität zu deuten. »Wenn ich mich frage, woher es kommt, dass gerade ich die Relativitätstheorie aufgestellt habe«, sagte Einstein, »so scheint es an folgendem Umstand zu liegen: Der normale Erwachsene denkt über die Raum-Zeit-Probleme kaum nach. Das hat er nach seiner Meinung bereits als Kind getan. Ich hingegen habe mich geistig derart langsam entwickelt, dass ich erst als Erwachsener anfing, mich über

Raum und Zeit zu wundern. Naturgemäß bin ich dann tiefer in die Problematik eingedrungen als die normal veranlagten Kinder.«[97]

Natürlich widerspricht man Albert Einstein ungern, es ist jedoch belegt, dass gerade er ein neugieriges Kind war, das sich mindestens ebenso wunderte wie alle anderen Kinder auch.[98] Vor allem gibt es keine ernstzunehmenden Anhaltspunkte dafür, dass er sich langsam entwickelt hätte. Entgegen einer hartnäckigen Legende zum Beispiel war Einstein kein Sitzenbleiber und Schulversager, er war, im Gegenteil, ein ausgezeichneter Schüler – dazu an dieser Stelle nur ein Satz seiner Mutter aus der Zeit, als Einstein sieben Jahre alt war: »Gestern bekam Albert seine Noten, er war wieder der Erste, er bekam ein glänzendes Zeugnis«.[99] Worauf Einstein somit augenzwinkernd hinzudeuten scheint, ist, dass sein Staunen auch beim Erwachsenwerden, beim Anhäufen von Wissen *nicht nachließ*. Er stellte als Erwachsener, als Experte weiterhin »naive« Fragen. In der Hinsicht blieb er zeitlebens ein Kind.

Da er aber ein erwachsenes Kind war, befand sich Einstein in einem grundlegenden Vorteil: Er misstraute den Antworten, die ihm die Welt gab. Er war in der Lage, die Antworten selbst herauszufinden. Er machte sich zum Experten, behielt dabei aber seine lebhafte Phantasie: Auch wenn die Fachwelt ihm sagte, die Dinge seien so und so, konnte er sie sich immer noch anders vorstellen – was nicht nur für sein Vorstellungsvermögen, sondern auch für ein beachtliches Zutrauen in die eigene Urteilskraft spricht.

Warum tickte Einstein so? Und warum geht es nicht jedem so? Wie kommt es, dass einige es schaffen, beim Lernen die kindliche Naivität, das kindliche Staunen nicht zu verlieren? Wie gelingt es manchen, das Beste von beiden Welten, von Kinder- und Erwachsenenwelt, zu vereinen? Wie könnte man Wissen und Fähigkeiten ansammeln *und* neugierig und spielerisch bleiben? Kurz: Wie könnte man jene ursprüngliche Originalität beim Großwerden beibehalten?

Wie wir sehen werden, haben dauerhafte Neugierde, Experimentierfreude und Offenheit zwar vielleicht nicht ausschließlich, aber wahrscheinlich maßgeblich auch damit zu tun, *wie* man uns die erforderlichen Fähigkeiten und das nötige Wissen als Kind, Jugendlicher und auch später noch als Erwachsener vermittelt – egal, ob in oder außerhalb der Schule.

Vom Schüler zum Entdecker: Weniger Pädagogik ist mehr

Wie weckt man den Entdeckergeist eines Kindes? Oder besser gesagt, wie sorgt man dafür, dass dieser nicht vorzeitig verlorengeht? Eine erste aufschlussreiche Erkenntnis dazu ist folgende: Eine Prise weniger Pädagogik bewirkt oft mehr. Ich sage das nicht, um zu provozieren, und schon gar nicht, um mich hier an jenem beliebten Volkssport namens Lehrer-Bashing zu beteiligen, sondern einzig und allein aus dem Grund, weil es dafür einige neue, überzeugende Befunde gibt.

Einer dieser Befunde stammt aus einem Forschungslabor des Massachusetts Institute of Technology (MIT) im amerikanischen Cambridge. Dort haben die Kognitionsexpertin Laura Schulz, ihre Studentin Elizabeth Bonawitz und deren

Kollegen kürzlich einen einfachen und doch eindrucksvollen Versuch mit einer Gruppe von über 80 Kindern im Alter zwischen vier und sechs Jahren gemacht.

Das Experiment, das in einer ruhigen Ecke eines Wissenschaftsmuseums stattfand, ging so: Die Kinder bekamen ein eigens für den Versuch gebasteltes Spielzeug angeboten, das aus vier bunten Plastikröhren bestand. Jedes Rohr barg, wie ein kleines Geschenk, eine Überraschung. Ein gelbes Rohr etwa gab, sobald man daran zog, ein Geräusch von sich. In einem anderen Rohr war ein Spiegel versteckt, im nächsten befand sich ein Lichtschalter usw. Das Spielzeug verfügte also über lauter Eigenschaften oder Funktionen, die man entdecken konnte – oder auch nicht.

Wie so oft gab es, bevor es zum eigentlichen Test kam, unterschiedliche Aufwärmbedingungen. Eine Kindergruppe bekam das Spielzeug nach guter alter Pädagogikmanier präsentiert. Die Versuchsleiterin zeigte dem Kind das Spielzeug und sagte: »Schau dir mein Spielzeug an. Ich zeig dir jetzt, wie mein Spielzeug funktioniert. Pass auf!« Und dann zog sie an dem gelben Rohr, und das Spielzeug gab ein Geräusch von sich. »Wow, siehst du?«, sagte die Versuchsleiterin dann. »So funktioniert mein Spielzeug!«

In einer anderen (der »naiven«) Versuchsvariante spielte die Leiterin die Unwissende und sagte: »Ich hab hier gerade ein Spielzeug gefunden. Siehst du?« Auch jetzt zog sie an dem gelben Rohr, aber so, als sei es ein Versehen, und als dann das Geräusch ertönte, tat sie, als sei sie völlig überrascht: »Oh!«, rief sie aus. »Hast du das gehört?«

Anschließend bekamen alle Kinder das Spielzeug in die Hand gedrückt, und die Wissenschaftler beobachteten, wie sich die Kinder verhielten. Sie filmten die Kleinen sogar, um die Videoaufnahmen später von zwei unabhängigen Beobachtern auswerten zu lassen.

Alle Kinder, zeigte diese Auswertung, spielten munter drauflos. Alle zogen natürlich erst mal an dem gelben Rohr, um die lustigen Geräusche hervorzubringen. So weit, so gut.

Nach und nach jedoch offenbarten sich einige bemerkenswerte Unterschiede zwischen den Kindern. Jene aus der zweiten, »naiven« Gruppe beschäftigten sich nicht nur deutlich länger mit dem Spielzeug – sie entdeckten dabei auch mehr von dessen Eigenschaften. Es war, als hätte die pädagogische Einführung den Erkundungsdrang der Kinder gehemmt, während die Kinder der naiven Versuchsvariante sich erheblich neugieriger und experimentierfreudiger verhielten. Die Folge war, dass sie mehr Funktionen des Spielzeugs aufspürten.

Die Forscher erklären sich das überraschende Phänomen folgendermaßen. Kinder, behaupten sie, sind rationalere Wesen, als wir meinen. Wenn ich ein Kind bin und einen Erwachsenen beobachte, der sich wie ein Lehrer benimmt, wie jemand, der Bescheid weiß, dann nehme ich automatisch die Rolle des Schülers ein. Demonstriert mir der Lehrer die Funktion eines Spielzeugs und sonst nichts, kann ich getrost davon ausgehen, dass es sich dabei um den einzig wissenswerten Aspekt handelt. Warum sollte eine dermaßen informierte Person mir bei der Demonstration seines Spielzeugs willentlich wichtige Informationen vorenthalten? Besäße das Spielzeug weitere tolle Eigenschaften, der Lehrer hätte sie mir ja wohl gezeigt. Anders gesagt: Sobald ein Kind den Eindruck hat, dass eine kenntnisreiche Person explizit auf etwas hinweist, dann wird es sich dieses explizite Etwas merken und die Sache abhaken, was ja auch effizient ist – jetzt kann es sich der nächsten Sache zuwenden.

Wenn Sie dem Kind stattdessen das Gefühl vermitteln, dass auch Sie nicht hundertprozentig im Bilde sind, signalisieren Sie ihm, dass es sich lohnen könnte, die Sache selbst noch einmal genauer unter die Lupe zu nehmen: Was ist das für ein Rätselobjekt? Der Erwachsene scheint nicht allwissend zu sein, und das ist spannend: Es lässt offen, was das Spielzeug – die Welt – alles zu bieten hat (es könnten sich noch eine Menge weiterer ungeahnter, ungeborgener Schätze darin verbergen). So wird das Kind von einem Schüler zu einem Entdecker.[100]

Das Experiment der MIT-Forscherinnen ist noch relativ neu, und doch gibt es bereits einige Studien, die das Ergebnis bestätigen.[101] In einem Versuch aus einem Labor an der Universität von Kalifornien in Berkeley ging man selbst noch einen kleinen Schritt weiter.

Wieder waren die Kinder um die vier Jahre alt, wieder drehte sich die Sache um ein Spielzeug, das auch diesmal Geräusche von sich gab, allerdings in Form von Musik. Die Versuchsleiterin hantierte vor den Augen der Kinder ein bisschen mit dem Spielzeug herum und zeigte ihnen dabei nacheinander unterschiedliche Aktionen, die aus drei aufeinanderfolgenden Schritten bestanden und von denen manche Musik auslösten. Beispielsweise quetschte sie erst das Spielzeug zusammen, danach drückte sie oben auf das Spielzeug, um schließlich an einem Ring zu ziehen, der sich an der Seite des Spielzeugs befand, woraufhin die Musik ertönte. Nach dieser Demonstration führte sie den Kindern noch einige andere Handlungssequenzen vor, immer drei nacheinander, wobei das Spielzeug entweder Musik von sich gab oder nicht.

Der Clou war: Tatsächlich bedurfte es nur *zweier* Handlungen, um das Spielzeug zum Musizieren zu bringen. Jede Handlungsabfolge, die damit endete, dass man oben auf das Spielzeug drückte und dann an dem seitlichen Ring zog, erzeugte das gewünschte Gedudel. Es reichten also exakt diese beiden Handlungen in exakt dieser Reihenfolge, obwohl die Versuchsleiterin den Kindern nie nur diese zwei, sondern stets drei Handlungen zeigte.

Auch in diesem Experiment gab es eine pädagogische und eine naive Aufwärmphase. In der pädagogischen Variante verhielt sich die Versuchsleiterin abermals wie eine klassische Lehrerin und sagte: »Ich zeig dir jetzt, wie mein Spielzeug funktioniert«. In der anderen spielte sie die Naive und sagte: »Wow, guck dir das Spielzeug an, ich frage mich, wie es funktionieren könnte. Ich probier einfach mal was …« Und wenn das Spielzeug dann nach einer bestimmten Handlungsabfolge Musik von sich gab, tat sie, wie gehabt, total überrascht (»Hey! Es hat Musik gespielt!«), und wenn nicht, war sie sichtlich enttäuscht (»Oh, nichts passiert …«).

Nach einer dieser Einführungen überreichte man den Kindern das Spielzeug mit der Aufforderung, es zum Musizieren zu bringen, was auch allen Kindern gelang. Die Jackpotfrage aber war natürlich: Würden die Kinder durchschauen, dass man nur zwei Handlungen brauchte, um die Musik hervorzubringen? Würden sie die effizienteste »Lösung« (oben drücken, Ring ziehen) finden, auch wenn ihnen diese so nie gezeigt worden war?

Das Resultat war eindeutig: In der naiven Gruppe fand gut ein Viertel der Kinder den kürzesten Weg zur Musik. Und wie viele Kinder aus der pädagogischen Gruppe, meinen Sie, spürten diese Lösung auf? Die Antwort lautet: kein einziges. Die pädagogische Instruktion hatte zur Folge, dass die Kinder erst gar nicht nach neuen Lösungen suchten. Stattdessen imitierten sie artig, was ihnen die Lehrerin vorgeführt hatte. Und wieso auch nicht? Offensichtlich wusste die Lehrerin ja bestens Bescheid. Warum also sollte man sich die – vermutlich vergebliche – Mühe machen, das Spielzeug von oben bis unten zu untersuchen? Ein solches Unterfangen würde sich wahrscheinlich gar nicht auszahlen. Die gutgemeinte Instruktion der Lehrerin hatte den Entdeckergeist der Kinder bereits im Keim erstickt.[102]

Feynmans Vater oder
Eine Erziehung zu eigenständigem Denken

Das 20. Jahrhundert hat bekanntlich eine Menge origineller und exzentrischer Physiker hervorgebracht. Einer der originellsten und exzentrischsten von ihnen war Richard Feynman.

Der Öffentlichkeit präsentierte sich Feynman gern als bongotrommelnder Naturbursche, der den Nobelpreis, den man ihm 1965 verliehen hatte, als überflüssig, ja lästig empfand und der komplexe mathematische Gleichungen am liebsten in Stripclubs löste, wo er sich besonders gut konzentrieren konnte (oder ahnte er, dass kreatives Denken von attraktiver Zerstreuung profitiert?). »Halb Genie, halb Clown« – so beschrieb ihn sein Kollege Freeman Dyson eine Woche, nachdem er Feynman kennengelernt hatte.[103]

Noch im Alter wirkte Feynman wie ein vergnügter Junge, spielerisch und offen, zugleich jedoch ausgestattet mit einem messerscharfen, vollkommen unabhängigen Verstand. »Er war der originellste Geist seiner Generation«, meinte Dyson überschwänglich.[104]

»Jene, die versuchten, Feynmans Besonderheit zu erfassen, kamen letztendlich stets auf seine Originalität zu sprechen«, urteilt sein Biograph James Gleick. »Wenn sich überhaupt etwas Grundsätzliches feststellen ließ, so war es seine hartnäckige und gefährliche Neigung, Standardmethoden zu missachten.«[105] Feynmans Lust und Drang, neue Wege zu gehen, führten ihn oft in Sackgassen, eröffneten ihm aber auch unbekannte Pfade, die sich sonst keiner wagte einzuschlagen.

Als er Ende der 1940er Jahre an der Cornell University im US-Staat New York tätig war, beobachtete Feynman eines Tages in der Cafeteria, wie ein Student einen Teller in die Luft warf. Am Rand des Tellers befand sich ein Emblem der Universität. Während sich der Teller drehte und drehte, eierte er auch, und dank des Emblems konnte Feynman leicht erkennen, dass es einen Zusammenhang zwischen beiden Bewegungen gab: Der Teller drehte etwa doppelt so schnell, wie er eierte.

Aus reiner Neugierde und schierem Vergnügen griff Feynman zu Papier und Bleistift und fing an zu rechnen. Versuchte, mit Hilfe von Newtons Gesetzen zu klären, wie sich das Drehen und Eiern des Tellers genau zueinander verhielten. Später am Tag ging er, von seinen Ergebnissen begeistert, zu seinem Chef und Kollegen Hans Bethe und erzählte ihm von der Sache.

»Aber was ist daran so wichtig?«, fragte Bethe ihn.

Feynman kapierte nicht ganz. Das sei doch ziemlich egal, erwiderte er: »Macht es nicht einfach Spaß?«[106]

Feynman jedenfalls ging das Faszinosum nicht mehr aus

dem Kopf. »Ich entspannte mich und fing an zu spielen«[107] –
die Teller-Szene regte ihn dazu an, über die Rotation (genauer: den »Spin«) des Elektrons nachzudenken, was ihn
wiederum zu seinem Arbeitsschwerpunkt, der »Quanten-
elektrodynamik«, führte und von dort, in recht kurzer Zeit,
zu den Durchbrüchen, für die er später den Nobelpreis er-
halten sollte. Feynman bekam den Nobelpreis nicht zuletzt
für hartnäckiges Spielen. Dafür, dass er einfach nur seiner
Neugierde gefolgt war, nachdem er in der Cafeteria etwas so
Unscheinbares wie einen sich drehenden Teller beobachtet
hatte.

Danach gefragt, woher diese spielerische Neugierde in
ihm rührte, kam Feynman stets auf die gleiche Quelle zu
sprechen: seinen Vater Melville. Melville Feynman, ein Kind
russischer Einwanderer, war im Uniformgeschäft tätig gewesen, obwohl er das, wofür Uniformen standen – offizielles
Gebaren, Obrigkeit, Statusansprüche – hasste. Er liebte die
Wissenschaft, hatte aber selbst kein Geld für ein Studium
gehabt. Da sollte es seinem Sohn einmal anders gehen.

Gewissermaßen als lockere Vorbereitung dazu hatte er,
Melville, seinen Jungen in den Sommerferien öfters mit in
den Wald genommen, wo die beiden wissenschaftlich-philo-
sophisch angereicherte Spaziergänge machten. Einmal spielte
Richard mit einem anderen Kind draußen auf einem Feld,
als der Bursche ihn fragte: »Siehst du den Vogel da? Was für
ein Vogel ist das?« Richard sah sich den Vogel an und sagte,
er habe nicht die leiseste Ahnung. »Das ist eine Wacholder-
drossel«, entgegnete der Junge. »Dein Vater bringt dir auch
rein gar nichts bei!« Aber – wie Richard Feynman die Geschichte an dieser Stelle genüsslich fortzusetzen pflegte – das
Gegenteil war der Fall.

So hatte sein Vater bei einem ihrer Waldspaziergänge einst auf einen Vogel gezeigt und etwas in der Art gesagt, wie: »Siehst du den Vogel dort? Das ist eine Spencer-Grasmücke.« (Einen Namen, den er sich an Ort und Stelle ausgedacht hatte.) »Nun, auf Italienisch heißt er *Chutto Lapittida*, auf Portugiesisch *Bom da Peida*, auf Chinesisch *Chung-long-tah* und auf Japanisch *Katano Tekeda*.« Und dann hatte er seinem Sohn erklärt: Du kannst den Namen des Vogels in allen Sprachen der Welt aufzählen und hast am Ende doch nicht das Geringste über den Vogel gelernt. »Du weißt nur etwas über die Menschen an den verschiedenen Orten und wie sie den Vogel nennen.«

»So lernte ich sehr früh den Unterschied zwischen bloßer Kenntnis des Namens und wirklicher Kenntnis«, meinte Feynman später. Und statt sich weiter mit Schall und Rauch zu beschäftigen, regte sein Vater ihn dazu an, das Verhalten der Tiere zu beobachten. Beispielsweise zeigte er auf einen Vogel und fragte: »Siehst du, wie er herumhüpft und an seinem Gefieder herumpickt?« Sobald Richards Interesse geweckt war, forderte der Vater ihn auf, über eine Erklärung nachzudenken: »Warum, glaubst du, machen die Vögel das?«

»Vielleicht«, antwortete Richard, »weil die Federn beim Fliegen durcheinandergeraten sind und die Vögel sie wieder zurechtzupfen müssen.«

»Gut«, meinte der Vater. »Wenn das der Fall wäre, müssten sie unmittelbar nach jedem Flug besonders eifrig picken. Und würden dann, sobald sie eine Weile am Boden waren, nicht mehr so viel picken – du verstehst, was ich meine?«

Der kleine Feynman verstand, woraufhin aber der Vater ihm keine weiteren Antworten und Erklärungen gab, sondern ihn dazu animierte, seine Vermutung durch eigene Beobachtung zu überprüfen: Nicht der Vater und auch keine sonstige Autorität, sondern die Natur selbst sollte die erste Anlaufstelle bei der Suche nach Antworten sein. (Am Ende erwies sich Richards Hypothese als falsch, und erst da verriet ihm sein Vater den Grund: Die Vögel pickten an ihrem Gefieder, weil sie von Läusen gepiesackt wurden, die sich von Eiweißflöckchen an den Federn ernährten.)

»Damals«, hat Richard Feynman Jahrzehnte nach diesen gemeinsamen Waldspaziergängen einmal gesagt, »begriff ich, was Wissenschaft ist. Es bedeutet: Geduld zu haben. Sieht man genau hin und beobachtet und passt auf, dann bekommt man dafür eine großartige Belohnung (wenn auch vielleicht nicht jedes Mal). Die Folge dessen war, dass ich mich als Erwachsener ungeheuer gewissenhaft Jahre hindurch Stunde um Stunde mit bestimmten Problemen beschäftigte – manchmal jahrelang, manchmal nicht ganz so lange. Oft hatte ich keinen Erfolg, und eine Menge wanderte in den Papierkorb. Doch hin und wieder fand ich das Goldstück einer neuen Erkenntnis als Ergebnis von Beobachtung. Als Kind hatte ich gelernt, damit zu rechnen – ich hatte nicht gelernt, dass Beobachten nicht der Mühe wert ist.«[108]

Was einem verraten wird, kann man nicht mehr selbst herausfinden

Feynmans Erinnerungen an seinen Vater sind auch deshalb interessant und lehrreich, weil sie uns exemplarisch an einen fundamentalen Pädagogenstreit heranführen, der nicht zuletzt mit Blick auf das Thema Kreativität und Erziehung von

Bedeutung ist. Der Streit handelt von der Frage, wie man Kindern (auch Studenten, im Prinzip jedem, der etwas lernen soll oder will) am besten etwas beibringt: Soll man ihnen die Dinge direkt zeigen und erklären, oder ist es wirksamer, sie die Sachen selbst entdecken zu lassen?

Dazu ein Vergleich: Ein Geschenk bezieht seinen Reiz bekanntermaßen aus dem Umstand, dass es verpackt ist und der Beschenkte nicht weiß, was sich unter der Verpackung verbirgt. Würden wir herausposaunen, was drin steckt, der Reiz wäre sofort dahin. Wir hätten das Geschenk genauso gut nicht einzupacken brauchen. Die Verpackung ist dazu da, die Neugierde zu wecken. Der Beschenkte soll raten, womit wir ihn hier zu überraschen versuchen. Er soll Vermutungen anstellen, Hypothesen generieren, und sei es nur im Stillen in seinem Kopf.

Wenn ein Kind eine Frage stellt, besteht unsere Reaktion nicht selten darin, die Antwort ohne Umschweife herauszuposaunen. Wir verraten nur allzu gern die Antwort. Oft verraten wir die Antworten schon, bevor überhaupt eine Frage gestellt wurde. Der Chemiker und Pädagoge Salman Ansari hat dafür ein bezeichnendes Beispiel aus dem Alltag parat: Einem Kind fällt in der Stadt eine Baustelle auf und rennt hin. Vor der Absperrung bleibt es stehen und schaut in den Abgrund, den man dort gebuddelt hat. Die Mutter kommt und fragt das Kind, ob es etwas sehen könne. Bevor es auch nur einen Laut äußern kann, sagt die Mutter: »Da ist ein Loch, nicht wahr?« Das Kind antwortet nicht.[109]

Da pflegte Feynmans Vater einen anderen Stil. Er behandelte Antworten und Erklärungen schon eher wie Geschenke. Er weckte Fragen in seinem Sohn, stachelte dessen Neugierde an, hielt die Antworten dann aber zurück. Stattdessen nutzte er die geweckte Neugier des Jungen, um ihm eine Methode beizubringen, die ihn in die Lage versetzen sollte, selbst einer Antwort auf die Spur zu kommen. Die Methode (auch als »Wissenschaft« bezeichnet, aber Feynmans Vater machte sich ja nichts aus Namen und Bezeichnungen) bestand darin, die Antwort zunächst zu raten und dann durch Beobachtung zu überprüfen, ob an der geratenen Antwort, der Hypothese, etwas dran ist oder nicht. Erst wenn der Junge ausgeraten hatte und aus eigener Kraft nicht weiterkam, half ihm sein Vater, das Geschenk zu öffnen.

Gerade in der Schule und auch noch an der Universität würden die Antworten und Erklärungen, so Kritiker, oft allzu voreilig verraten und zudem total passiv vermittelt werden. Ständig würden Schüler mit für sie weitgehend belanglosen Fakten behelligt. Kein Wunder also, dass Neugierde und Kreativität da nach und nach flöten gingen.[110]

Im Bestreben, dieser Misere ein Ende zu bereiten, haben diverse Pädagogen rund um die Welt immer wieder andere, mutmaßlich bessere, kreativere Unterrichtsmethoden vorgeschlagen. Ein Ansatz, der dabei besondere Beachtung gefunden hat, nennt sich »entdeckendes Lernen« und geht ursprünglich auf Ideen der großen Psychologen Jean Piaget und Jérôme Bruner zurück. Bis heute erhitzt der Ansatz die Gemüter. Manche Protagonisten halten das entdeckende Lernen für *die* Alternative schlechthin zum traditionellen, erklärenden Frontalunterricht.

Entdeckendes Lernen ist längst in allerlei Geschmacksrichtungen zu haben, im Kern aber haben die Ansätze eins gemeinsam: Statt den Kindern, Schülern oder Studenten beim Frontalunterricht, bei dem eh nicht allzu viel hängen bleibt[111], Fakten und Antworten auf nie gestellte Fragen vorzubeten, sollten wir sie die Fakten und Antworten lieber selbst herausfinden lassen. Wer Kinder etwa in die Welt der Biologie, Chemie oder Physik einweihen will, der sollte sie wie echte Wissenschaftler vorgehen und experimentieren lassen, mit Reagenzgläsern oder einer Waage oder was auch immer.

Nehmen wir an, Sie wollen einem Kind das Hebelgesetz beibringen. Sie könnten dem Kind ganz klassisch das Prinzip erklären – wenn es etwas älter ist, könnten Sie eventuell die Formel aufdröseln und das Kind anschließend mit Hilfe der Formel Beispielaufgaben lösen lassen.

Eine Alternative dazu, die entdeckender vorgeht, wäre, mit dem Kind zum Spielplatz zu gehen und erst einmal eine Runde zu wippen, um das Kind auf diese Weise mit dem eigenen Körper und den Sinnen an das rätselhafte Phänomen heranzuführen, dass sich ein und das gleiche Gewicht offenbar unterschiedlich auswirkt, je nachdem, wo es sich auf der Wippe befindet. Vielleicht, wenn Sie Ihre Position auf der Wippe wiederholt ändern, entdeckt das Kind, dass Ihr Körper an Einfluss verliert, wenn Sie vom äußeren Ende der Wippe nach vorne, in Richtung des Kindes rücken.

Diese zweite Form des »Unterrichts« klingt natürlich nach jeder Menge Abenteuer und Spaß, und doch offenbart das Beispiel auch schon das eine oder andere praktische Problem: Entdeckendes Lernen ist in der Regel mit erheblich mehr Aufwand verbunden.[112]

Und das, so die Skeptiker der Methode, ist noch das geringste Problem. Der größte Nachteil des entdeckenden Lernens besteht ihnen zufolge darin, dass Kinder, Schüler und selbst Studenten in den allermeisten Fällen gar nicht in der Lage seien, Vorgänge, Zusammenhänge oder Gesetze zu entdecken, für die die Menschheit oft Tausende von Jahren gebraucht hat. Sie können einen Jugendlichen noch so lange unter einen Apfelbaum setzen, Sie können ihn noch so lange den Mond anstarren lassen: Keinem werden dabei die Gesetze der Schwerkraft aufgehen. Wie sollte es auch anders sein? Es hat Jahrhunderte gedauert, bis Newton, der jahrelang nichts anderes tat, als über diese Phänomene zu grübeln, eine Vorstellung der Schwerkraft entwickelte.

Anorganische Chemie, französische Grammatik, euklidische Geometrie – all das ist bekanntlich nicht gerade ein Kinderspiel. Sich diese Wissensbereiche aus eigener Kraft anzueignen, wäre größtenteils schlicht unmöglich. Kurz: Ein Schüler, der alles auf eigene Faust entdecken soll, wird nicht allzu weit kommen, er wird letztlich nicht allzu viel lernen (und auch nicht unbedingt das, was er lernen soll, dafür wird er eine Menge falscher Vorstellungen bilden).

Einer der entscheidenden Vorteile der Spezies Mensch, um die Kritik noch grundsätzlicher zu formulieren, besteht ja just darin, dass wir eben nicht alles selbst entdecken müssen. Kultur heißt ja, dass nicht jeder von uns das Rad immer wieder neu erfinden muss. Wir Menschen sind als Art gerade auch deshalb so erfolgreich, weil wir auf das gesammelte Wissen vergangener Generation zurückgreifen und darauf aufbauen können.

Sie sehen schon, es gibt einige Einwände gegen das entdeckende Lernen. Einwände, die man noch als graue Theorie abtun könnte, gäbe es nicht tatsächlich auch mehrere empirische Studien, die die Kritik zu untermauern scheinen: Kinder lernen durch reines Beobachten und eigenes Experimentieren so gut wie nie die Sachverhalte, das Wissen und die Fähigkeiten, die wir ihnen eigentlich beibringen wollen.

Dagegen lernen sie diese Dinge einigermaßen rasch in einer üblichen Unterrichtsstunde. Nicht zuletzt aus diesem Grund bevorzugen die meisten Pädagogen nach wie vor die klassische Instruktion als Lehrmethode.[113]

Hinter dem, was ich hier auf wenigen Seiten knapp skizziert habe, verbirgt sich in Wahrheit ein Kampf, der unter Experten nun schon seit Jahrzehnten teils ziemlich erbittert tobt. Auf der einen Seite gibt es jene, die dem traditionellen Instruktionsstil anhängen, auf der anderen betreten immer neue Verfechter irgendeiner Variante des entdeckenden Lernens die Bühne.

Eine Frage, die dabei lange Zeit untergegangen ist, lautet, inwiefern es sich bei den beiden Ansätzen notwendigerweise um Gegenpole handelt, deren Protagonisten sich gegenseitig bekämpfen müssen. Auf den ersten Blick mögen sich eigenes Entdecken und Fremdanweisung ausschließen – aber muss das im praktischen Unterricht unbedingt der Fall sein?

Erst in den letzten Jahren ist diese Frage vermehrt in den Köpfen einiger Pädagogen und Didaktiker aufgetaucht. So versucht derzeit eine kleine Gruppe – es handelt sich bislang leider um eine hauchdünne Minderheit –, die alten Fronten zu überwinden, um stattdessen etwas eigentlich recht Naheliegendes auszuprobieren: die Stärken beider Lehransätze zu vereinen. Die ersten Befunde dazu können sich sehen lassen.[114]

Zu den Pionieren, die diesen Vorstoß zu einer Versöhnung vorantreiben, gehört ein junger Ingenieur aus Singapur namens Manu Kapur. Nach seinem Ingenieursstudium interessierte sich Kapur dafür, wie man Schülern mathematische Probleme, beispielsweise statistische Verfahren, so vermitteln könnte, dass sie die Materie am Ende auch wirklich verstehen. In einer seiner Studien ist Manu Kapur der Frage nachgegangen, wie man 14- bis 15-jährigen Schülern das Konzept der »Standardabweichung« oder »Varianz« am besten beibringen könnte.

Sagen wir, es gibt zwei Fußballer, nennen wir sie Dick und Doof. Wir lassen Dick und Doof drei Monate Fußball spielen und stellen fest: Dick hat im ersten Monat 3 Tore geschossen, im zweiten 16, im dritten Monat dagegen gelang ihm nur ein einziges Tor. Doof hat im ersten Monat 6, im zweiten 8 und im dritten wieder 6 Tore geschossen. Gemessen an der Gesamtzahl der Tore sind Dick und Doof mit je 20 Toren gleich gut. Aber wer ist der zuverlässigere Spieler von beiden? Doof natürlich, da seine Werte nicht so sehr schwanken wie die von Dick. In diesem Beispiel erkennt jeder den Unterschied zwischen den beiden auf den ersten Blick. Wie aber könnte man die Konsistenz der beiden Spieler mathematisch exakt berechnen? Die Antwort liefert die »Standardabweichung«.

Der Forscher Kapur teilte seine Schüler in zwei Gruppen. Insgesamt bestand der Unterricht bei beiden Gruppen aus jeweils vier Stunden. In einer Gruppe gingen der Forscher und seine Mitarbeiter in allen vier Stunden ganz klassisch-traditionell vor: Sie erklärten den Schülern das Konzept, zeigten ihnen die Formel – danach folgten die üblichen Beispielrechnungen, die die Schüler abarbeiten sollten.

In der zweiten Gruppe, nennen wir sie die »Kombinationsgruppe«, hielten die Forscher die Formel während der ersten beiden Stunden zunächst zurück. Dafür zeigten sie den Schülern drei Zahlenreihen und erzählten ihnen, diese würden die jährliche Zahl der Tore von drei Fußballern darstellen, und zwar über einen Zeitraum von zwanzig Jahren.

Und nun waren die Schüler gefragt: Sie sollten sich in kleinen Grüppchen überlegen, wie sich quantitativ bestimmen ließe, wer von den Spielern derjenige mit der konsistentesten Leistung sei (wer Lust hat und die Standardabweichung noch nicht kennt, der könnte an dieser Stelle mit den Dick-und-Doof-Zahlen ein bisschen entdeckend lernen, bevor er Google konsultiert).

Die Ideen, die die Schüler hervorbrachten, erwiesen sich mitunter als sehr pfiffig. Ein Junge kam auf folgenden Vorschlag: Man könnte die Tore in einer Graphik aufzeichnen, wobei die horizontale Achse die Jahre darstellen und die vertikale Achse die Anzahl der Tore. Jetzt müsste man nur noch eine Linie durch die Punkte ziehen, eine Schnur nehmen, diese über die Linie legen, und die Länge, die die Schnur ergeben würde, wäre ein gutes Maß für die Konsistenz der Leistung: je kürzer die Schnur, desto zuverlässiger der Spieler.

Die Originalität der Schüler war beeindruckend, viele kamen der Sache sogar recht nahe, auch wenn am Ende keiner durch eigenes beziehungsweise gemeinsames Entdecken die unter Statistikfreunden gebräuchliche Lösung, geschweige denn die Formel der Standardabweichung fand. Hätte Manu Kapur das Experiment an dieser Stelle beendet, es hätte sich einmal mehr ergeben, dass entdeckendes Lernen nicht zum gewünschten Ergebnis führt und man also besser beim traditionellen, erklärenden Unterrichtsstil bleiben sollte.

Aber noch war der Versuch nicht abgeschlossen. Die »Kombi-Gruppe« hatte ja erst zwei Unterrichtsstunden hinter sich. In den nächsten beiden Stunden schalteten Kapur und seine Mitarbeiter auf klassisch und erklärten auch dieser Gruppe das Prinzip der Standardabweichung, präsentierten ihnen die Formel, packten gewissermaßen das Geschenk aus und gaben den Schülern in der verbliebenen Zeit noch einige Problembeispiele zum Üben.

Zum Schluss prüften die Wissenschaftler beide Gruppen. Dabei zeigte sich zunächst, dass sich die häufig beobachteten Defizite des entdeckenden Lernens mit der Kombi-Lösung erfolgreich vermeiden lassen: Beide Gruppen meisterten Standardprobleme gleichermaßen gut. Beide hatten den Stoff, den es zu lernen galt, prima gelernt.

Als Kapur und seine Kollegen dann noch etwas nachbohrten, offenbarte sich, dass die anfängliche Entdeckerphase keineswegs ein reiner Spaß oder für die Katz gewesen war. Sie hatte sich im Gegenteil auf eindrucksvolle Weise bezahlt gemacht. So demonstrierten jene Schüler aus der Kombinationsgruppe bei Nachfragen erstens ein tieferes Grundverständnis der statistischen Zusammenhänge (etwa wenn es um die Frage ging, wie man mit Ausreißern verfahren könnte, mit einzelnen Datenpunkten also, die ungewöhnlich stark vom Schnitt abweichen). Zweitens fanden sie sich auch besser zurecht, wenn man sie mit einem anderen, verwandten Statistikproblem konfrontierte – es fiel ihnen leichter, ihre Kenntnisse auf neue Situationen anzuwenden.[115]

Manu Kapurs Studien wie auch einige weitere Untersuchungen mit Kombi-Ansätzen bei jüngeren Kindern[116] legen nahe, dass entdeckendes Lernen und traditioneller Instruktionsunterricht sich eben nicht, wie von den verfeindeten Lagern oft suggeriert, ausschließen müssen. Vielmehr können, ja sollten sie sich gegenseitig ergänzen.

Ähnlich wie Feynman Senior seinen Junior den Raum und die Zeit gab, selbst nach Antworten zu suchen, bevor er sie ihm verriet, könnte es sich generell als kreativitätsfördernde und zugleich effektive Unterrichtsstrategie erweisen, Schüler die Lösung für Probleme und Fragestellungen erst einmal eigenständig – allein oder in kleinen Gruppen – erkunden zu lassen: Worum geht es bei der Sache? Erinnert sie mich an Phänomene, die ich schon kenne? Wie weit komme ich mit meinen Fähigkeiten und meiner Phantasie? Wie weit kommen wir, wenn wir unsere Fähigkeiten zusammenlegen? Und wo stoßen wir an unsere Grenzen, das heißt: Was brauchen wir, um von hier aus weiterzukommen?

Ein Problem zuerst selbst auszukundschaften, eine Weile damit zu ringen – statt sofort von den Eltern, dem Lehrer oder Google mit Antworten gefüttert zu werden –, ist nicht nur eine schöne Übung in unabhängigem Denken, die man zeitlebens praktizieren kann. Man lernt das Phänomen dabei auch zu schätzen. Das Phänomen selber sowie die allgemeinere Tatsache, dass der Vorgang des Entdeckens zugleich abenteuerlich und anspruchsvoll ist, und zwar dermaßen anspruchsvoll, dass die Suche längst nicht immer, sogar meist nicht zum Erfolg führt, und schon gar nicht sofort, beim ersten Ansatz. Es wird einem bewusst, wie schwierig es tatsächlich ist, etwas herauszufinden, und dass all dieses Wissen, das uns umgibt, keine Selbstverständlichkeit ist, sondern das Resultat eines langwierigen, gleichermaßen aufregenden wie frustrierenden Prozesses.

Im Idealfall wird beim Erkunden, Forschen und Phantasieren der Hunger geweckt, bevor man die Mahlzeit serviert bekommt. Einerseits wirft die Suche nach einer Lösung Fragen auf, andererseits stößt man womöglich auf originelle Teilantworten, was aufbauend ist und das Zutrauen in die eigene Kompetenz stärkt (Wissen ist nicht nur, was der Lehrer sagt und in Büchern steht und andere herausgefunden haben: Du selbst kannst Wissen hervorbringen), und all das ist wichtig. Nur, es ist eben auch wichtig, am Ende die korrekte oder zumindest übliche Lösung kennenzulernen, jenes Wissen, das sich in unserer Kultur mühsam angesammelt hat und das zwar nicht in Marmor gemeißelt sein muss, aber doch ein guter Ausgangspunkt für weitere, eigene Entdeckungen ist. Manu Kapurs »Kombi-Lösung« scheint eine gute Synthese zu sein, mit der sich sicherstellen lässt, dass das eine nicht auf Kosten des anderen geht.

Die gute Nachricht ist natürlich, dass entdeckendes Lernen in der einen oder anderen Form mittlerweile durchaus seinen Weg in so manches Klassenzimmer gefunden hat. Insgesamt jedoch hat das Prinzip, wie ich finde, deutlich mehr Beachtung im Unterricht verdient. Es lässt sich auch auf vielfältige Weise in die herkömmliche Stoffvermittlung hineinschmuggeln. Die Grenzen werden da wohl nur von unserer eigenen didaktischen Phantasie bestimmt.

Der MIT-Linguist Noam Chomsky etwa bringt ein schönes Beispiel, in welchem die der Instruktion vorangehende Entdeckerphase zwar indirekt, damit aber nicht unbedingt weniger wirkungsvoll vorkommt. Chomskys Schwägerin war Grundschullehrerin, und wenn sie den Kindern der sechsten Klasse die amerikanische Revolution beibringen musste, pflegte sie folgendermaßen vorzugehen: Ein paar Wochen, bevor der Stoff fällig war, fing sie an, allgemeinen Unfrieden in der Klasse zu stiften. Beispielsweise traktierte sie die Kinder mit willkürlichen, sinnlosen Aufgaben, die diese partout nicht machen wollten. Allmählich steigerte sie die Dosis, die Schüler wurden zunehmend genervt und fingen an zu protestieren »bis hin zum Punkt, wo es zum Aufstand in der Klasse kam«, wie Chomsky in einem Interview erzählt. »In dem Moment wandte sie sich der amerikanischen Revolution zu. Jetzt waren alle bereit dafür. Sie kapierten, worum es ging.«

Diese Lehrerin hatte verstanden, wie man das Interesse der Schüler weckt. Bevor sie auch nur irgendein historisches Faktum angesprochen hatte, hatte sie die Kinder am eigenen Leib spüren und entdecken lassen, was es mit einer revolutionären Stimmung auf sich hat. Das, so Chomsky, ist eine Erfahrung, die man als Schüler so bald nicht vergisst.[117]

Wer übt, begabt sich selber

Jene anfangs erwähnte »Zehnjahresregel« der Kreativität – oder genereller: das Gesetz der Einarbeitung und Übung – könnte in Zukunft eine noch größere Rolle spielen als je zuvor. Das kommt so: Rätsel, die sich an der Oberfläche der Wirklichkeit versteckten und relativ leicht lösbar waren, sind mit großer Wahrscheinlichkeit gelöst worden. Kreative Gedanken, die hauptsächlich auf Spontanität angewiesen sind, hat irgendjemand vermutlich schon einmal spontan gedacht und geäußert. Naheliegende Entdeckungen und Erfindungen wurden im Laufe der Geschichte gemacht. Anders gesagt: Eine Melodie, die Geschichte für einen Liebesroman, ein mathematisches Theorem[118] oder ein Kunstwerk hervorzubringen – all das war zwar nie einfach. Einer jahrtausendealten, reichhaltigen Kultur und globalen Welt jedoch noch etwas Bedeutendes, Aufsehenerregendes, etwas Innovatives hinzufügen, stellt noch einmal eine Extraherausforderung dar, selbst wenn neue Techniken auch immer wieder neue Möglichkeiten eröffnen.

Aus dieser schlichten Tatsache ergeben sich folgenreiche Konsequenzen für all jene, die es sich in den Kopf gesetzt haben, Kreatives zu leisten. Der Aspekt der Arbeit gewinnt an Gewicht. Eine wertvolle Schöpfung ist kaum noch beiläufig, billig oder schnell zu haben. Wer auszieht, etwas Neues zu entdecken oder zu erfinden, etwas, das die Welt noch nicht gesehen hat, der sollte sich auf eine längere Reise gefasst machen. Das jugendliche Genie ist bestenfalls ein Phänomen der Vergangenheit. »Genie« erfordert mehr und mehr Zeit, Training, Vorbereitung. Auf dem Weg zum Durchbruch darf man getrost damit rechnen, auf hohe Hürden zu stoßen: So gut wie jede Entdeckung, die hürdenlos zu erreichen war, ist bereits gemacht worden.

Das klingt hart, was vor allem daran liegt, dass es hart *ist*. Zugleich versteckt sich in alledem eine positive Botschaft. Denn Ausdauer und Beharrlichkeit stellen keine rein angeborenen Eigenschaften oder Fähigkeiten dar – sie sind auch in beträchtlichem Maße eine Sache von Erziehung und eigener Einstellung.

Ein Augenöffner in dieser Hinsicht sind die Forschungsarbeiten der New Yorker Psychologin Carol Dweck (inzwischen an der Stanford University in Kalifornien tätig). Wie die Wissenschaftlerin entdeckte, hängen die Neugierde und das Durchhaltevermögen von Kindern unter anderem davon ab, wie und für was wir Kinder loben. Abermals erweisen sich Kinder als scharfe Beobachter und ausgesprochen rationale Wesen: Sie registrieren haargenau, was wir an ihnen bewundern, und richten ihr Verhalten danach aus, und zwar noch weitaus mehr, als uns bewusst ist.

In ihrer grundlegenden Studie konfrontierte die Psychologin Dweck zehnjährige Kinder mit insgesamt 30 IQ-Aufgaben in drei Etappen, zehn Aufgaben pro Runde. Es gab wieder zwei Gruppen. Die Kinder der einen Gruppe wurden nach dem Lösen der zehn ersten IQ-Aufgaben (Runde eins) ausdrücklich für ihre Intelligenz gelobt. Als sie fertig waren, sagte die Versuchsleiterin: »Wow, das hast du gut gemacht, das ist ein tolles Ergebnis. Du musst ganz schön clever sein!« Bei der zweiten Gruppe fiel das Lob bewusst anders aus. »Wow, gut gemacht, tolles Ergebnis«, sagte die Versuchsleiterin, fügte dann aber hinzu: »Du musst ganz schön hart gearbeitet haben.« Man lobte die Kinder nicht für ihre Klugheit, sondern für ihren Einsatz.

Gleich im Anschluss folgte Runde zwei. Von diesem Punkt an unterschieden sich die Gruppenbedingungen nicht mehr. Jetzt wurden alle Kinder mit zehn happigen IQ-Aufgaben traktiert. Die Kinder taten sich reichlich schwer, und die Versuchsleiterin sagte ihnen, dass sie diesmal ein ganzes Stück schlechter abgeschnitten hatten als zuvor und nur die Hälfte der Aufgaben korrekt gelöst hatten (erst ganz am Ende des Versuchs gab es dazu einige tröstende Worte, und man machte allen Kindern klar, dass diese Aufgaben eigentlich für ältere Kinder gedacht waren und dass sie sich, gemessen daran, gut geschlagen hatten, ja man versicherte ihnen, dass schon allein das Lösen einer einzigen dieser komplizierten Aufgaben eine sehr beachtliche Leistung darstellte).

Bevor es zur dritten Runde kam, fragten die Forscher die Kinder, wie ihnen die Aufgaben gefielen, ob sie eventuell welche mit nach Hause nehmen wollten usw. Danach folgte die dritte und letzte Runde mit Aufgaben, die von einem vergleichbaren Schwierigkeitsgrad waren wie jene aus der ersten Runde.

Die Ergebnisse des Versuchs, die mehrfach bestätigt wurden[119], sind erstaunlich, teils auch erschreckend. Der Unterschied im Lob in Runde eins mag uns minimal erscheinen, bei den Kindern aber blieb er keineswegs folgenlos. Es zeigten sich im Gegenteil klare Unterschiede zwischen beiden Gruppen: Jene Kinder, die man in der ersten Runde für ihre Intelligenz gepriesen und die in der anschließenden zweiten Runde an den komplizierteren IQ-Aufgaben gescheitert waren, empfanden, wie die Befragung nach dieser Runde ergab, nur wenig Vergnügen an der ganzen Sache. Das Interesse, ein paar Aufgaben mit nach Hause zu nehmen, hielt sich ebenfalls in Grenzen. Kein Wunder, könnte man sagen, wenn man sie mit Aufgaben entmutigt, denen sie kaum gewachsen sind. Das kann ja wohl nur frustrieren!

Doch ganz so einfach ist es nicht. Die Kinder nämlich, deren Einsatz man gelobt hatte, reagierten, obwohl sie in Runde zwei exakt das gleiche frustrierende Feedback zu hören bekommen hatten, auffallend anders. Im Vergleich zu den anderen Kindern empfanden sie nicht nur mehr Spaß an den Aufgaben. Sie zeigten auch mehr Interesse daran, einige Aufgaben mit nach Hause zu nehmen, um dort weiterzuüben. Diese Kinder waren von dem Rückschlag in Runde zwei nicht entmutigt worden, nein, ihr Ehrgeiz schien geradezu angestachelt worden zu sein.

Verblüffend ist auch, was die dritte und letzte Runde des Experiments offenbarte: Die Kinder der Gruppe, die man für ihre Intelligenz gelobt hatte, schnitten jetzt bei den verhältnismäßig leichten IQ-Aufgaben schwächer ab als zuvor, während jene, die man für ihren Einsatz gepriesen hatte, ihre Leistung verbesserten. Dabei hatten alle Kinder in der ersten Runde noch eine vergleichbare Leistung vollbracht.

Die Effekte traten in mehreren Versuchen wiederholt zutage, wie aber lassen sie sich erklären? Was ist verkehrt daran, wenn man einem Kind sagt, es sei klug? Was ist daran so schlimm? Stärkt das nicht das Selbstbewusstsein? Mögen Kinder es etwa nicht, wenn wir ihre Intelligenz und ihre Talente loben? Doch, Kinder mögen das sehr wohl, sie lieben es! Auf den ersten Blick erschien es auch der Psychologin Carol Dweck überhaupt nicht offensichtlich, was an einem solchen Lob »falsch« sein sollte.

Allerdings auch wenn Kinder die Bewunderung ihrer Klugheit genießen, erweist sich dieses süße Gefühl, wie die Forscherin feststellte, oft von kurzer Dauer. Vor allem: Ein Lob der Intelligenz geht mit Risiken und Nebenwirkungen einher, Nebenwirkungen, die sich spätestens dann entfalten, wenn sich die eine oder andere Schwierigkeit auftut. Im Moment eines Rückschlags kann das angenehme Gefühl des Stolzes sogar schnell in demotivierende Lustlosigkeit und Scham umschlagen.

Um es aus Sicht des Kindes zu beschreiben: Geben wir einem Kind zu verstehen, dass es ein gutes Ergebnis seiner Klugheit zu verdanken hat, ist es selbstverständlich erst mal stolz. Zugleich folgt daraus für das Kind, dass ein darauffolgendes mageres Abschneiden an seiner *mangelnden* Klugheit liegt. Wenn ich eine Aufgabe gelöst habe, weil ich Talent habe, ist es nur konsequent, davon auszugehen, dass es mir an Talent fehlt, sobald ich an einer Aufgabe scheitere. Da das Meistern von Herausforderungen eine Sache der Intelligenz ist, beweist mein Scheitern, dass ich wohl doch nicht so intelligent bin. Von schwierigen Aufgaben, die meine Dummheit offenbaren könnten, lasse ich also in Zukunft lieber die Finger!

Wenn mir hingegen etwas gelungen ist, weil ich mich, wie man mir versichert hat, bemüht habe, ist es nur folgerichtig, ein Scheitern ebenfalls meinem Einsatz zuzuschreiben: Wahrscheinlich habe ich mich diesmal einfach nicht genug angestrengt – es könnte sich somit lohnen, ein paar Aufgaben mit nach Hause zu nehmen und zu üben. Es wird sich auszahlen, wenn ich mich mehr anstrenge. Der eine oder andere Rückschlag kann auf diese Weise sogar motivierend wirken, insofern er, statt zu Resignation und Rückzug, genau umgekehrt: zu vermehrtem Einsatz anregt (»jetzt muss ich mich doch mal richtig hinsetzen, um die Sache in den Griff zu bekommen«).

Die eigene mühevolle Leistung beflügelt mehr als der Hinweis auf mühelos gezeigte Intelligenz. Wenn man uns wiederholt für unsere Intelligenz und unsere angeborenen Talente lobt – etwas, woran sich nicht großartig rütteln lässt, wir können die genetische Segnung nur dankbar hinnehmen –, führt das, wie Carol Dweck meint, nach und nach zu einem »statischen« Selbstbild: Irgendwann glauben wir, dass unsere Klugheit und Kreativität feste Größen sind, die sich nicht verändern lassen. Wir können sie durch Übung nicht verbessern, wir können sie der Welt und uns selbst nur unter Beweis stellen. Erweisen sie sich als eher dürftig ausgeprägt, sollten wir diese Tatsache möglichst verstecken. Eine Tätigkeit, die an die Grenzen unserer Fähigkeiten geht, meiden wir lieber, weil sie entlarven könnte, dass wir nur wenig Talent haben. Ja, jede Anstrengung unsererseits ist bereits ein bedrohliches Omen: Es ist ein Zeichen dafür, dass es uns an natürlicher Begabung fehlt. Wer sich anstrengt, hat es wahrscheinlich dringend nötig. Anstrengung ist uncool, ist etwas für *Loser*.

Loben wir ein Kind mehr für Ausdauer und Durchhaltevermögen, so die Psychologin, entwickelt sich in ihm der Eindruck, dass es eben darauf ankommt: nicht aufzugeben, dranzubleiben, es immer wieder zu versuchen. Intelligenz oder Talent erscheint als etwas, für das man etwas tun kann, tun muss. Das Scheitern an einer Herausforderung ist kein Beweis von Dummheit, sondern ein Hinweis darauf, dass man noch nicht so weit ist. Dass man noch weiter üben sollte. Vielleicht auch, dass man faul war und schlecht vorbereitet an die Sache rangegangen ist, was sich ja wohl ändern lässt. Dweck spricht von einem »dynamischen« Selbstbild.[120]

Studiert man Dwecks Arbeiten, beschleicht einen das Gefühl, dass sich die Menschheit etwas allzu klar in statische und dynamische Typen, in Lerner und Nichtlerner, in gut und schlecht einteilen lässt. Abgesehen von dieser Schwarzweißzeichnung jedoch können uns ihre Erkenntnisse dazu anregen, noch einmal über unsere Art des Lobens und – allgemeiner – über das, was wir an anderen Menschen und uns selbst wertschätzen, nachzudenken. Wie reagieren wir auf Fehler und Missgriffe? Was teilen sie uns mit? Dass wir es nicht draufhaben? Sind wir als Erwachsene »fertig«? Was ist schöner: ein Experte sein, der alles im Griff hat, oder ein Anfänger, der alles noch entdecken darf? Wovor haben wir mehr Respekt, vor angeborener Begabung oder davor, dass jemand mit Rückschlägen und Frustration umzugehen lernt und auch dann noch am Ball bleibt, wenn ihm etwas nicht sofort gelingt, wenn er vier, fünf oder noch ein paar Anläufe mehr braucht und trotzdem nicht entmutigt ist?

Unsere jeweilige Haltung beeinflusst unser eigenes Verhalten, wir beeinflussen damit das Verhalten unserer Freunde oder das unseres Partners – und eben auch das unserer

Kinder. Kinder hören sehr genau auf das, was wir im Alltag so von uns geben, genauer, als wir oft meinen. »Wenn wir Kindern sagen ›Klasse, das hast du aber schnell hinbekommen!‹ oder ›Schau mal, du hast gar keine Fehler gemacht!‹, welche Botschaft vermitteln wir ihnen dann?«, fragt Dweck zum Beispiel.[121] Zunächst mögen uns auch diese Formen des Lobs völlig harmlos und gutartig vorkommen. Was ist schon dabei? Nun, ein Kind, meint die Psychologin, hört aus diesen Sätzen vor allem heraus, dass wir Geschwindigkeit und Perfektion zu schätzen wissen. Das Kind zieht Schlüsse, die wir mit unseren Worten gar nicht im Sinn hatten, Schlüsse, wie: »Wenn ich mir mehr Zeit lasse und gründlich vorgehe oder wenn ich etwas Schwieriges riskiere, wobei mir vielleicht Fehler unterlaufen, dann ist das vermutlich *nicht* klasse ...«

Wie also sollten wir auf ein Kind reagieren, das eine Aufgabe rasch und fehlerfrei gemeistert hat? »Wenn das passiert«, schlägt Dweck vor, »sagen Sie: ›Oh, das war wohl zu einfach. Tut mir leid, dass ich deine Zeit verschwendet habe. Ich gebe dir eine Aufgabe, bei der du wirklich lernen kannst‹.«[122]

Wahrscheinlich heben die genannten Beispiele noch zu sehr auf die Sprache, auf einzelne Wörter und Sätze und auf explizites Lob ab. Dabei ist das, wofür wir unsere Kinder loben, am Ende auch nur ein Indikator – einer von vielen – für das, was uns wichtig ist. Ein Kind hört ja nicht nur, wofür wir es loben und was wir ihm sonst noch alles sagen. Es hört auch das, was wir nicht sagen. Es beobachtet unser Verhalten, verfolgt unsere Blicke. Wofür schätzen wir unsere Freunde, Familienmitglieder, Kollegen, Mitmenschen? Wer und was genießt unsere Aufmerksamkeit? Wann blitzt dieses Funkeln in unseren Augen auf?

Kinder, mit ihren feinen Multifrequenzantennen, registrieren unsere Begeisterung und tun alles dafür, damit ihnen diese Begeisterung ebenfalls zufließt. Und wenn wir vom kichernden Hollywood-Amadeus entzückt sind, der seine Noten von höheren Sphären zugeflüstert bekommt, ohne dafür selbst auch nur einen einzigen Finger krümmen zu müssen, während sich der arme Salieri einen abrackert, alles gibt und doch immer nur mittelmäßige Töne trifft – natürlich wird ein Kind sich dann denken: Ah, so also macht man das! Kichernd und leichtfüßig tanzend! Dagegen dieser vergeblich strampelnde Salieri: was für ein armseliger Trottel!

So liegt eine gewisse Ironie in dem Geniekult, den wir in unserer Gesellschaft mitunter betreiben. Gerade die Vorstellung, dass Genie oder Talent etwas ist, das man entweder hat oder nicht, kann der Entfaltung unserer Talente auf verhängnisvolle Weise im Wege stehen. Unzweifelhaft gibt es verschiedene Ausmaße von angeborenem Talent für dies und jenes. Wahr ist aber auch: Wer übt, begabt sich selber. Jene Leute, die wir als »Genies« bezeichnen – ein bisschen so, als handle es sich dabei um eine eigene Gattung –, waren in der Regel solche, die ihr gesamtes Leben der Übung und der Vervollkommnung bestimmter Fähigkeiten gewidmet haben, oft unter erheblichen persönlichen Opfern.

Woher stammt dann diese hartnäckige Amadeus-Illusion? Woher, wenn es doch so an Empirie und Wirklichkeit vorbeigeht, rührt nur dieses romantische Bild vom lässigen Genie, dem es der Herr im Schlafe gab? Hier eine Spekulation: Womöglich ist ja unsere Bewunderung für das Naturtalent ihrerseits etwas sehr Kindliches, ein Erbe unserer langjährigen Erfahrung als Kind. Als Kinder sind wir schließlich ständig von jenen augenscheinlichen Genies namens »Erwachsene« umgeben. Wir stellen eine Frage, der Erwachsene hat eine Antwort. Wir haben ein Problem, der Erwachsene hat eine Lösung, und zwar auf Anhieb. Diese hochgeschossenen Gestalten, die wir als Kinder tagein, tagaus erleben, wissen alles, können alles, und das, ohne auch nur das Geringste dafür tun zu müssen: Sie scheinen sich nie hinsetzen zu müssen, um zu lernen, und sind uns doch in jeder Situation meilenweit überlegen. Kinder werden, Erwachsene sind. Nur wir, die »Genies«, die meisten von uns jedenfalls, ahnen dunkel, dass es sich nicht ganz so verhält. Wer weiß, vielleicht wäre es ja gar nicht so schlimm, diese Ahnung gelegentlich auch unseren Kindern gegenüber durchblicken zu lassen.

4 VON DER GRUPPE ZUM KREATIVEN TEAM

»In der Savanne gab es auch keine Stockwerke«

Wenn man sich seine Zeit gern in Forschungslabors vertreibt wie ich, kann es passieren, dass man irgendwann – dem leidenschaftlichen Museumsgänger nicht unähnlich – eine Vorliebe für ganz bestimmte Labors entwickelt: Man weiß nicht genau, warum, aber man hält sich dort besonders gern auf.

In Berlin ist eins meiner Lieblingslabors das Max-Planck-Institut für Bildungsforschung in Dahlem. Schon allein das verwinkelte Gebäude, eine reizende Mischung aus asiatischem Tempel und Atomkraftwerk, wirkt anziehend. Faszinierender noch ist natürlich was drinnen passiert. Im zweiten Stock wurde einst der Schülertest *Pisa* mitkonzipiert. Gleich darüber, im dritten Stock, befindet sich das Reich von Gerd Gigerenzer.

Gigerenzer ist Entscheidungsforscher und vermutlich der bedeutendste deutsche Psychologe der Gegenwart. Auf welche Stimme sollten wir bei einer Entscheidung hören: auf den Bauch oder die Stimme der abwägenden Vernunft?[123] Wie treffe ich in einer immer komplexeren Welt gute Entscheidungen? Wie gehe ich mit Risiken und Unsicherheiten um, etwa was meine Gesundheit oder mein Geld betrifft? So lauten einige der zentralen Fragen, denen Gigerenzer mit seinem derzeit gut fünfundvierzigköpfigen Team bereits seit Jahrzehnten nachgeht. Gerd Gigerenzer hat einige überaus lesenswerte Bücher zu diesen Themen geschrieben, darunter *Bauchentscheidungen* sowie, zuletzt, *Risiko*.

Es war also bei einem dieser Laborbesuche, als ich beiläufig entdeckte, dass man in Gigerenzers Denkfabrik eine nette Tradition pflegt: Jeden Nachmittag um vier Uhr organisiert jemand aus der Arbeitsgruppe Kaffee, Tee und Kuchen, und man trifft sich zu einem zwanglosen Plaudern. Auch für Unterhaltung wird gesorgt. Einmal war es Gigerenzer selbst, der auf einer Beamer-Leinwand Fotos von seiner letzten Chinareise zeigte.

Die Nachmittagstreffen in Gigerenzers Forschungsstätte können sich gut und gerne eine halbe Stunde oder noch länger hinziehen. Ich habe als Journalist Dutzende Institute kennengelernt, wissenschaftliche und nichtwissenschaftliche, und wenn mich mein Eindruck nicht täuscht, hätte man in so manchem, wenn nicht sogar in den meisten von ihnen ein ausgedehntes Kaffeekränzchen mit Bildern der Chinesischen Mauer mitten am helllichten Tag für reine Zeitverschwendung gehalten.

Nicht so Gigerenzer. Als ich ihn auf die Sache ansprach, meinte er: »Sie müssen als Chef alles dafür tun, dass Ihre Mitarbeiter auf lockere Weise zusammenfinden. Es sind die informellen Treffen, aus denen formelle Kollaborationen ihre Kraft speisen.«

Wir gingen durch die Flure des Max-Planck-Instituts. Gigerenzer erzählte mir, dass man erst in der Woche zuvor mit aufwendigen Renovierungsarbeiten fertig geworden war. Ich konnte keine Spur von Renovierungsarbeit erkennen und fragte, worin diese bestanden hätten. Gigerenzer sagte, seine Gruppe sei dermaßen stark gewachsen, dass der Platz nicht mehr ausgereicht hätte. Der zuständige Architekt hatte ein neues Gebäude vorgeschlagen, um die Extramitarbeiter unterzubringen. Gigerenzer aber hatte da so seine Vorbehalte gehabt: Er wollte seine Leute nicht nur lieber in einem

Gebäude zusammenhaben, sondern auch auf einem Flur, auf einer Ebene.

Also hatte er dem Architekten einen »nicht gerade billigen« Ausbau der vorhandenen Etage vorgeschlagen. »Für den Erfolg einer interdisziplinären Gruppe ist es wichtig, dass alle auf einer Fläche vereint sind. Verteilen sich die Forscher auf verschiedene Gebäude oder auch nur Stockwerke, verringert sich die Zusammenarbeit um gut die Hälfte«, sagte Gigerenzer. Zwischenmenschliche Kontakte entstünden seiner Meinung nach bevorzugt *horizontal*: »In der afrikanischen Savanne, wo sich der Mensch entwickelt hat, gab es schließlich auch keine Stockwerke.«[124]

Ein Team von Stars ist nicht dasselbe wie ein Star-Team

Damals, als ich durch Gigerenzers Horizontallabor schlenderte, ging mir ein Licht auf. Mir wurde etwas bewusst, was in der Theorie selbstverständlich klingen mag, in der Praxis dann aber doch oft wenig beherzigt wird, sonst würde an mehr Arbeitsstellen dieser Welt eine Atmosphäre wie im Max-Planck-Institut für Bildungsforschung herrschen: Die Mitarbeiter einer Arbeitsgruppe, eines Unternehmens oder Instituts in eine wirkliche Gruppe, in ein *Team* zu verwandeln, ist alles andere als eine triviale Aufgabe. Wahrscheinlich ist es eine Kunst, für die man ein gehöriges Gespür und Geschick braucht.

Man kennt das Phänomen aus dem Sport: Da kommt sie, siegesgewiss, die Traummannschaft, bestehend aus lauter Fußball- oder Basketballgöttern, die Startruppe, die als Topfavorit ins Rennen zieht – und dann das! Die Superstars versagen, scheitern kläglich an einem total unscheinbaren Gegner, am Underdog (wie bei der Fußball-WM 2014 das frühe Aus der Spanier nach der Niederlage gegen die Chilenen). Wie ist so etwas möglich? Wieso passiert es immer wieder? In der nachfolgenden Traumaaufarbeitung heißt es dann nicht selten: der Trainer hätte es eben nicht geschafft, die Egos seiner Diven in Schach zu halten oder sie genügend zu motivieren. Die Stars hätten »keine Einheit« gebildet. Ein Team von Stars mache eben noch kein Star-Team. Nur, wenn nicht die Stars, was macht ein Star-Team dann aus?

Ich habe einmal das Labor des Neurowissenschaftlers Eric Kandel in New York besucht. Kandel bekam im Jahr 2000 einen Nobelpreis für seine Entdeckungen zu den neuronalen Mechanismen des Gedächtnisses. Als ich den Forscher fragte, wie er bei der Zusammenstellung seines Teams vorgehe, was er dabei berücksichtige, meinte er: das Wertvollste für ihn seien Mitarbeiter, die etwas können, was er nicht kann. »Zum Beispiel brauche ich in meiner Gruppe nicht unbedingt noch einen Hirnforscher«, sagte Kandel. »Mit Hirnforschung kenne ich mich ja selbst aus.«

Kandels Ergänzungsprinzip führt uns einmal mehr vor Augen, dass ein Team dem Einzelkämpfer in Sachen Kreativität klar überlegen sein kann, gerade in der heutigen Zeit: Ein Mensch kann nicht alles, weiß nicht alles, unsere Fähigkeiten sind begrenzt. In einem Team, in dem man sich ergänzt, treffen plötzlich unterschiedliche Wissensschätze, Erfahrungen und Blickwinkel aufeinander. Wenn es sich wirklich so verhält, dass die naheliegenden Entdeckungen und Erfindungen gemacht worden sind, dann muss man heute nicht nur mehr Kenntnisse und Fertigkeiten ansammeln, man muss sich auch stärker spezialisieren und sich dann mit anderen Spezialisten zusammentun, um gemeinsam einen Durchbruch zu erreichen, egal, ob es sich um die Entwicklung eines Migränemedikaments, einer Anwendungssoftware oder um ein Stammzellprojekt handelt.

Wo sind eigentlich die Newtons, Darwins und Einsteins der Gegenwart? Wo findet man heute noch Universalgenies vom Kaliber eines Leonardo da Vinci, Leibniz oder Goethe? *Ein* Gehirn, und sei es noch so begabt, stößt angesichts der Komplexität heutiger Fragestellungen rasch an seine Kapazitätsgrenzen. Einst konnte ein Gehirn zahlreiche Projekte verfolgen, heute braucht man für ein Projekt zahlreiche Gehirne. Neue wissenschaftliche oder technische Erkenntnisse werden zunehmend in interdisziplinären Gruppen gewonnen.[125] Unternehmen arbeiten seit eh und je überwiegend in Teams. Weniger stark trifft das Phänomen auf die Kunst zu. Man denke allerdings daran, wie viele Leute man mittlerweile für einen einzigen Kinofilm braucht – für den 3-D-Film *Avatar* beispielsweise bedurfte es einer Mannschaft von über 2000 Spezialisten.[126]

Eine Mannschaft aber ist einem einzelnen Kopf in Sachen kreativer Schaffenskraft vor allem dann überlegen, genauer gesagt: Sie ist nur dann mehr als die Summe ihrer Teile, wenn sich die unterschiedlichen Köpfe auch wirklich zusammentun. An der Stelle kommt Gerd Gigerenzers Interaktionsgebot ins Spiel. Ein Chef denkt – wie Eric Kandel – in erster Linie daran, welche Mitarbeiter er braucht, um für seine Projekte möglichst alle Anforderungen fachlich oder unternehmerisch »abzudecken«. Darüber hinaus muss er sich überlegen, wie er den Ideenaustausch der Spezialisten vorantreibt, damit diese sich gegenseitig befruchten. Wenn er das hinbekommt, kann unter Umständen etwas nahezu Magisches entstehen: ein Netzwerk verschalteter Gehirne, das die Grenzen des Einzelnen sprengt.

Metaphorisch formuliert, ließe sich das Gebilde als eine Art Superorganismus charakterisieren, als »Superhirn«, das bessere Ideen und Ideenkombinationen hervorbringt, als jeder isolierte Kopf es für sich könnte. Bleiben die Mitarbeiter ein Autistenkollektiv, können sie den Superorganismus vergessen. Das Ganze ist dann kein Deut mehr oder sogar weniger als die simple Addition der Einzelteile.

Allgemein könnte man folgende Hypothese aufstellen: Kräfte, die den Gruppenaustausch beleben und so zur Entstehung eines Superhirns beitragen, werden die kreative Leistungsfähigkeit einer Gruppe oder eines Instituts beziehungsweise Unternehmens steigern. Umgekehrt gehen jene Faktoren, die der Bildung des Superorganismus im Wege stehen, auf Kosten der Gruppenkreativität, da die Gruppe jetzt kein Team wird, sondern eine Ansammlung von Einzelgängern bleibt.

Die Wachstumsfaktoren, die zur Bildung des Superhirns beitragen, sowie jene Kräfte, die dessen Entstehen verhindern, können dabei aus den unterschiedlichsten Richtungen kommen: Sie können von den Mitarbeitern selbst ausgehen, aber auch vom Gebäude, in dem diese Mitarbeiter tätig sind. Oberflächlich betrachtet, mögen die Beispiele, die wir in diesem Kapitel näher betrachten werden, sehr verschieden aussehen. Unter dieser Oberfläche lassen sie sich dafür denkbar einfach klassifizieren, nämlich entweder als austauschfördernde oder als austauschhemmende Kräfte. Hier eine Übersicht der Faktoren, die wir uns ansehen werden:

Austauschfördernde Kräfte	Austauschhemmende Kräfte
Sozial feinfühlige Zeitgenossen	Selbstdarsteller, Narzissten, Egomanen
Gruppe ist im selben Gebäude tätig	Gruppe ist auf unterschiedliche Gebäude verteilt
Gruppe teilt eine Etage	Verschiedene Stockwerke
Mitarbeiter teilen viele Wege im Gebäude	Alle gehen getrennte Wege
Offene Architektur, die für Sichtkontakt sorgt	Gebäude ist ein verwinkelter Betonklotz
Weite Korridore	Sehr enge Korridore
Gemeinsame Pausen	Rationalisierte Pausen

Rein äußerlich hat ein Narzisst zwar wenig Ähnlichkeiten mit einem engen Korridor, funktionell jedoch sind die zwei insofern äquivalent, als sie beide den zwischenmenschlichen Austausch hemmen und dazu beitragen, dass aus einer Gruppe kein lebendiger »Organismus« wird.

Wie man den Gruppen-IQ steigert

Fangen wir mit der wichtigsten Kraft, den Mitarbeitern an. Die Auswahl der richtigen Leute für ein Team könnte man für eine simple Sache halten: Man schnappt sich einfach die besten Leute, die man kriegen kann. Wer eine Fußballmannschaft zusammenstellen will, sucht nach den talentiertesten Spielern, die das Budget hergibt, und steckt sie zusammen. Wer in der kreativen Industrie oder der Forschung tätig ist, überall dort, wo es darum geht, ungewöhnliche Ideen hervorzubringen und komplexe Probleme zu lösen, fahndet nach den profiliertesten Querdenkern und scharfsinnigsten Intelligenzbestien. Als Nächstes muss er die Überflieger nur noch in einen Raum einschließen, ein paar Coladosen und Snickers dazu, kräftig schütteln – schon kommt ein Geistesblitz oder eine lukrative Innovation nach der anderen heraus. Diese Hol-dir-die-Besten-Strategie ist zwar bei Trainern und in Personalabteilungen nicht unbeliebt, übersieht aber einen entscheidenden Aspekt: dass gelungenes Teamwork eben kein rein additives Phänomen ist. Das offenbart sich nicht nur im Sport, wenn das Team mit den Superstars scheitert.[127]

Etwas ganz Ähnliches lässt sich auch bei Gruppen nachweisen, die anspruchsvolle Denkaufgaben lösen müssen. Erst kürzlich hat ein US-Wissenschaftlerteam vom MIT Center for Collective Intelligence dafür einen eindrucksvollen Beleg geliefert, und zwar mit einer großangelegten Studie an knapp 700 Testpersonen, veröffentlicht im US-Wissenschaftsmagazin *Science*.[128]

Alle Teilnehmer der Untersuchung mussten zuerst einzeln einen IQ-Test absolvieren. Zusätzlich sollten sie einen Persönlichkeitsfragebogen ausfüllen, der zum Beispiel erfasst, ob man intro- oder extravertiert ist. Dann gab es noch einen »Autismus-Test«. Er besteht aus einer Serie von Gesichtern, wobei allerdings nur die Augenpartie zu sehen ist. Als Teilnehmer soll man aus mehreren Möglichkeiten (»eifersüchtig«, »amüsiert«, »phantasierend« …) angeben, in welcher Gemütslage die Person, deren Augenpartie man sieht, sich gerade befindet – etwas, womit autistische Menschen große Schwierigkeiten haben.

flirtend
überrascht
scherzend
entspannt

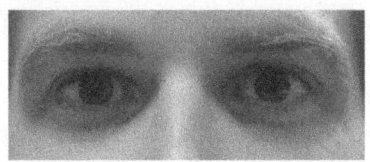

verlegen
ungeduldig
schockiert
nachdenklich

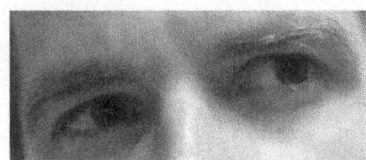

vergnügt
tröstend
skeptisch
fordernd

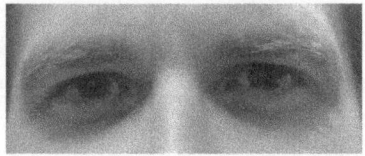

Nach den Individualtests teilten die Forscher die Versuchsteilnehmer in gut 190 Gruppen, die aus je zwei bis fünf Mitgliedern bestanden. Jetzt wurden alle noch einmal mit IQ-Aufgaben konfrontiert, die man nun aber nicht auf eigene Faust, sondern gemeinsam, als Gruppe, lösen sollte.

Neben den IQ-Aufgaben traktierte man die Gruppen mit einer Flut von weiteren Tests. Beispielsweise sollten auch sie über die Verwendungsmöglichkeiten eines Ziegelsteins brainstormen. Oder man musste gemeinsam eine Runde Dame gegen einen Computer spielen. Es gab Fragestellungen, bei denen es um moralisches Argumentieren ging (der fiktive Fall eines Basketballspielers, der seinen Trainer besticht – wie geht man damit um?). Schließlich – alles in allem verbrachten die Versuchskaninchen gut fünf Stunden im Labor – wurden die Gruppen noch mit diversen Knobelaufgaben behelligt, mit der auch so manches Unternehmen gern seine Bewerber quält (ihr wohnt alle in einem Haus, es gibt nur ein Auto, jeder bekommt eine Einkaufsliste, die Geschäfte befinden sich an verschiedenen Orten, eure Aufgabe besteht darin, die effektivste Einkaufsstrategie zu entwerfen …).

Die Studie war, wie man merkt, einigermaßen aufwendig. Dennoch könnte man meinen, dass es sich dabei um eine Milchmädchenrechnung handelt, vor allem was die IQ-Aufgaben betrifft. Es erscheint doch wohl offensichtlich, was den Ausschlag darüber gibt, wie gut eine Gruppe IQ-Aufgaben zu lösen vermag: Gruppen mit besonders intelligenten Mitgliedern oder auch mit nur einem einzigen »Genie« (sagen wir, einer oder eine in der Gruppe hat einen IQ von 163), müssten fast per definitionem am besten abschneiden, während die Gruppen mit den durchschnittlich Begabten eben auch nur durchschnittlich punkten sollten. Exakt das hatten die Forscher ebenfalls vermutet.

Aber sie wurden ziemlich überrascht. Erwartungsgemäß gab es natürlich Gruppen, die bei den IQ-Aufgaben glänzten, während andere schwächelten. Mehr noch, es zeigte sich, dass jene Gruppen, die die IQ-Aufgaben locker meisterten, auch bei allen anderen Fragestellungen, Tests und Knobeleien außergewöhnlich gut abschnitten.

Intelligenzforscher kennen dieses – hart gesagt – Alles-oder-Nichts-Phänomen von Individuen: Wer bei den Sprachaufgaben eines IQ-Tests glänzt, sticht in der Regel auch bei den Aufgaben hervor, die das räumliche Vorstellungsvermögen oder das Zahlenverständnis ergründen. Es scheint tatsächlich so etwas zu geben, was man als »generellen Intelligenzfaktor« bezeichnet, besser bekannt unter dem Kürzel »g«. Wenn Ihr »g« hoch ist, fällt Ihnen so gut wie jede Art von analytischem Problemlösen leichter als anderen Zeitgenossen. Niemand weiß genau, durch was »g« bestimmt wird. Ein gutes Arbeitsgedächtnis jedoch gehört zu den wichtigsten Triebkräften.[129] Damit Sie ein Gefühl dafür bekommen, was mit Arbeitsgedächtnis gemeint ist, hier eine kleine Übung. Die Aufgabe besteht darin, zu prüfen, ob es sich bei den folgenden Sätzen um sinnvolle Aussagen handelt – zugleich müssen Sie versuchen, sich das jeweils letzte Wort der Sätze zu merken:

Kein Gefährte ist so treu wie ein Hund
Bücher über Kreativität deuten auf Sonnenschein
Ich bin heute außerordentlich gut gelaunt
Die Diskussion war produktiv aufgrund der Sahne
Noch mehr Sätze, und mir explodiert der Kopf

Sie sehen schon: Arbeitsgedächtnis ist nicht gleich Kurzzeitgedächtnis. Arbeitsgedächtnis heißt nicht bloß, sich ein paar Wörter oder Zahlen zu merken – man muss einige Informationen kurzfristig abspeichern (Hund, Sonnenschein, gelaunt …) und wird gleichzeitig mit anderen Informationen behelligt. Wenn man die Sätze auf ihre Stichhaltigkeit hin prüft, kann man sich nicht mehr großartig um die Wörter, die man sich merken soll, kümmern. Die Aufmerksamkeit wird von dem, was man im Gedächtnis behalten soll, abgelenkt, und die Frage ist, inwiefern das flüchtig Zwischengespeicherte darunter leidet.[130] Wie man sich vorstellen kann, ist es fürs Problemlösen ganz hilfreich, wenn man auf dem

Weg zur Lösung immer wieder Teilergebnisse zuverlässig zwischenspeichern und darauf zurückgreifen kann. Deshalb hängt »g« stark von einem leistungsfähigen Arbeitsgedächtnis ab.

Wie die Autoren der *Science*-Studie feststellten, zeichnen sich auch Gruppen durch einen generellen Intelligenzfaktor aus. In Anlehnung an »g« gaben sie diesem Generalfaktor das Kürzel »c«, für »collective intelligence«. Eine Gruppe mit hohem »c« löst praktisch alle mentalen Herausforderungen, die man ihr vorlegt, erstaunlich gut – fast durchgehend besser als Gruppen mit schwächerem »c«.

Das Verblüffende dabei aber war Folgendes: Weder der Durchschnitts-IQ der Gruppe noch das Gruppenmitglied mit dem höchsten IQ spielte für das hohe »c« eine maßgebliche Rolle. Anders gesagt, ein Genie macht eine Gruppe nicht genial. Ob die Leute intro- oder extravertiert waren, ob man sich mochte oder nicht, wie motiviert die Gruppe war – all das erwies sich ebenfalls als irrelevant für die kollektive Intelligenz.

Was war stattdessen wichtig? Was macht eine Gruppe klug und kreativ? Drei Sachen: erstens die Anzahl der Frauen in der Gruppe, zweitens die soziale Sensibilität der Mitglieder und drittens: der gegenseitige Austausch. Alle drei Faktoren hängen eng zusammen, wobei der Austausch der alles entscheidende ist.

Zunächst lässt sich als grobe Faustregel festhalten: Je mehr Frauen zu einer Gruppe stoßen, desto intelligenter wird sie. In der *Science*-Studie zeigte sich ein Leistungsoptimum bei einem Frauenanteil von 80 Prozent – in einer Fünfergruppe wären das, nur als Beispiel, immerhin vier Frauen. Frauen aber machen ein Team nicht intelligenter, weil sie klüger als

Männer und überhaupt die besseren Menschen wären. Nein, ausschlaggebend ist ihr soziales Fingerspitzengefühl.

So gab es nur einen einzigen Individualtest, der das »c« einer Gruppe recht gut vorherzusagen vermochte: der Autismus-Test. Frauen schneiden bei diesem Test besser ab, sie können ein Gesicht genauer lesen als Männer. Die typische Frau ist, zugespitzt formuliert, das Gegenteil eines Autisten (tatsächlich gibt es weitaus weniger weibliche als männliche Autisten).[131] Es mag ein Klischee sein, dass Frauen allgemein mehr auf ihre Mitmenschen und das Miteinander ausgerichtet sind als Männer – und doch kam genau diese soziale Seite der Frau im Experiment einmal mehr zum Vorschein und erwies sich zugleich als Segen für produktives Teamwork.

Das zwischenmenschliche Verhalten der Frauen nämlich, auch das ergaben die Beobachtungen der Forscher, veränderte das Gruppenverhalten und die Atmosphäre eines Teams drastisch. Vor allem kam es in den Frauengruppen zu einer lebhafteren Diskussion zwischen den einzelnen Teammitgliedern. Die Unterhaltung war ausgewogener. Tendentiell kam jeder zu Wort.

Gruppen dagegen, in denen ein Selbstdarsteller das Gespräch an sich riss und die Runde dominierte, zeichneten sich durch einen schwachen kollektiven IQ aus. Nicht immer, aber oft handelte es sich bei solchen Gruppen um Herrenrunden. Bestimmend war jedoch nicht das Geschlecht. Verhielten sich Männer vergleichbar sozial wie üblicherweise sonst eher Frauen, erhöhten auch sie den Gruppen-IQ und umgekehrt: Ichbezogene Diven senkten die Intelligenz des Teams.

Einfühlsames Verhalten ist in diesem Fall deshalb so kritisch, weil es die Interaktion zwischen den Gruppenangehörigen in Schwung bringt. Man könnte sagen: Während der individuelle IQ von einem guten Arbeitsgedächtnis abhängt, so steht und fällt der Gruppen-IQ mit dem Ideenaustausch zwischen den Beteiligten. Im Individuum ermöglicht das Arbeitsgedächtnis einen Vergleich und ein Verschmelzen getrennter Ideen. In der Gruppe hat Kommunikation die gleiche Funktion. Zwischenmenschlich sensible Zeitgenossen kurbeln diese Kommunikation an. Sie können ihr Ego auch mal außen vor lassen. Es fällt ihnen leichter, zuzugeben, wenn sie etwas nicht wissen. Sie stellen Fragen, bringen schweigsamere Teilnehmer zum Reden. Auf diese Weise werden mehr Gedanken und Gegengedanken aus den privaten Köpfen in den öffentlichen Raum, in die Gruppe gebracht – das Superhirn hat eine Chance.

Auf der anderen Seite hemmen testosterongetriebene[132] Selbstdarsteller und Narzissten die Bildung eines Superhirns, indem sie den Austausch drosseln. Eine Gruppe, die aus lauter Egozentrikern besteht, wird eben kein Team, sie bleibt ein Kollektiv von Einzelgängern.

Was tun mit Selbstdarstellern und Narzissten?

Erst kürzlich hat sich dieser austauschhemmende Narzissmus-Effekt besonders klar in einem Experiment von Forschern der Universität Amsterdam offenbart. Man teilte 150 Testpersonen in 50 Gruppen, bestehend aus je drei Leuten. Die Gruppen bekamen die Beschreibung von drei Jobkandidaten zu lesen und sollten sich den besten Kandidaten aussuchen. Es handelte sich nicht um irgendeinen Job: Gesucht wurde der ideale Geheimagent. Wer von den drei Kandidaten würde den perfekten James Bond abgeben?

In jeder Gruppe wurde einer der Teilnehmer per Zufallsverfahren zum Teamleiter bestimmt. Die anderen beiden bekamen die Rolle des Beraters zugewiesen, von dem sich der Gruppenleiter Informationen und Tipps beschaffen konnte. Am Ende aber musste er die Entscheidung treffen.

Um die Interaktion in den Gruppen objektiv zu messen, griffen die Wissenschaftler auf ein cleveres Paradigma der experimentellen Psychologie zurück: Die Beschreibung der Jobkandidaten bestand aus mehr als einem Dutzend Eigenschaften, wie »Der Kandidat kann eine F-16 fliegen« (bekanntlich sehr wünschenswert für jeden Geheimagenten) oder »Der Kandidat hat früher unter einer Angststörung gelitten« (weniger wünschenswert). Der Clou dabei: Jedem einzelnen Gruppenmitglied wurde lediglich ein Teil dieser Informationen zur Verfügung gestellt. Nur wenn sich die drei Mitglieder zusammentaten, kamen auch sämtliche Infos zusammen. Was wesentlich war, denn nur dann war man als Teamleiter in der Lage, den besten Kandidaten herauszupicken. So hing es vom Gruppendialog ab, ob der Leiter am Ende eine optimale Wahl treffen konnte.

Nachdem alle Gruppen ihr Votum abgegeben hatten, wurden die Teilnehmer noch einmal einzeln befragt. Jene, die Berater gewesen waren, sollten Auskunft über ihren Gruppenleiter geben. Alle Gruppenleiter dagegen mussten einen Narzissmus-Fragebogen ausfüllen, der sie auf ihre mehr oder weniger ausgeprägte Egomanie hin abklopfte (hier ein paar Beispiel-Items, die man mit wahr oder falsch kennzeichnen soll: »Ich bin ein außergewöhnlicher Mensch«, »Jeder hört gern meine Geschichten«, »Ich habe ein natürliches Talent dafür, andere zu beeinflussen«, »Ich stehe wirklich gern im Zentrum der Aufmerksamkeit«, »Ich kann mich üblicherweise aus jeder Situation herausreden«, »Ich hoffe, dass irgendjemand irgendwann eine Biographie über mich schreibt«, »Würde ich die Welt regieren – sie wäre ein weitaus besserer Ort«[133]).

Der Befund: Je mehr der Teamleiter auf der Narzissmusskala punktete, je aufgeblasener dessen Ego war, als desto effizienter wurde er von den anderen Gruppenmitgliedern eingeschätzt. Gerade die größten Narzissten wurden als Figuren wahrgenommen, die über Autorität verfügen.

Die Leistung der Selbstdarsteller entsprach nicht ganz dieser rosigen Wahrnehmung. Tatsächlich sorgten ausgewiesene Narzissten dafür, dass sich ihre Gruppen durch eine hochgradige Ineffizienz hervortaten: Je selbstverliebter der Leiter, desto weniger Informationen wurden untereinander geteilt, desto schlechter fiel die Wahl des Jobkandidaten aus. Mit Narzissten als Gruppenleiter kam eben kein Team zustande, sondern nur eine interaktionsarme One-Man-Show.[134]

Männer übrigens bringen es auf der Narzissmusskala traditionell auf höhere Werte als Frauen, auch wenn sich Frauen in den letzten Jahren auf einer rasanten Ego-Aufholjagd befinden.[135] Es soll hier aber auch gar nicht darum gehen, sämtliche Männer, sämtliches Testosteron und alle Selbstdarsteller dieser Welt zu verteufeln. Kreativer Informationsaustausch, Interaktion und Gruppen-IQ sind ja wahrscheinlich nicht die einzigen Ziele eines Unternehmens oder einer Organisation. Es mag Bereiche und Zeiten geben, wo es nicht in erster Linie auf den Austausch der Teammitglieder ankommt. Vielleicht gibt es sogar Bereiche und Zeiten, in denen Narzissten gefragt sind.

Nehmen wir einen charismatischen Narzissten wie Julian Assange von Wikileaks. Ist es möglich, mit so jemandem in einem Team zusammenzuarbeiten? Wenn man sich Assanges Exmitarbeiter anhört, scheint das eine eher anstrengende Übung gewesen zu sein.[136] Andererseits, ohne Assange hätte Wikileaks wohl nie diese enorme Wirkung nach außen gehabt, die sie für einen kurzen Moment hatte. Julian Assange, mit seinem nebelweißen Haar, gab Wikileaks nicht nur ein Gesicht, wie er selbst geradezu ungewöhnlich bescheiden sagte. Assange war eine Marke, ein Popstar, ein Phänomen. Es gab einen Zeitpunkt vor wenigen Jahren, da war kaum ein Mensch – und das praktisch über Nacht – so omnipräsent in den Medien wie Julian Assange. Der Mann glich einer Art John Lennon des digitalen Zeitalters.

Assange verlieh Wikileaks einen Glamour, den die kleine Organisation ohne ihn nie gehabt hätte. Seine komplizierte und reichlich egozentrische Persönlichkeitsstruktur jedoch hat Wikileaks, so jedenfalls sehen es nicht wenige seiner ehemaligen Weggefährten, nicht nur gepusht, sie hat auch zu dessen abruptem Ende beigetragen. Wikileaks blühte kurz auf und verschwand ebenso schnell wieder.

Narzissten können faszinierend (und, wenn auch sehr unilateral, sogar inspirierend) und leider auch destruktiv sein. Am klügsten ist wohl, man lässt sie sich dort austoben, wo sie glänzen können. Teamwork gehört nicht dazu. Wenn es darauf ankommt, die Gruppendynamik auf Touren zu bringen, sollte man sie am besten zum Fernsehinterview oder zum Kuchenholen beim Bäcker um die Ecke schicken.[137]

Gutes Brainstorming, schlechtes Brainstorming

Sollte der Ideenfluss auch mit ordentlichem Gruppen-IQ doch einmal ins Stocken geraten, gibt es ja immer noch jene beliebte Technik, mit der sich wieder frischer Wind in die grauen Zellen bringen lässt: Brainstorming. Brainstorming war natürlich selbst eine kreative Idee, und zwar von dem New Yorker Werbeguru Alex Osborn (1888 bis 1966). Osborn stellte sich sein Brainstorming als eine Sitzung der etwas anderen Art vor. Auf der Suche nach der Lösung für ein Problem müsse man sich am besten mit anderen Gehirnen zusammentun und gemeinsam gedanklich gegen das Problem »anstürmen«. Damit alle ihre Hemmungen abschütteln und schöpferisch zur Höchstform auflaufen, hatte Osborn vier goldene Regeln erstellt:

1. Keine Kritik!
2. Quantität, Quantität und noch mehr Quantität: gewünscht sind möglichst viele Ideen
3. Je wilder und verrückter der Einfall, desto besser
4. Kombinieren Sie Ideen und bauen Sie auf den Gedanken anderer auf

Sicher, man kann auch alleine brainstormen. Wenn man aber als Gruppe das magische Regelquartett beherzige, könne man, so Osborn optimistisch, auf doppelt so viele Ideen kommen, als wenn man alleine im stillen Kämmerchen vor sich hin gestürmt hätte. Das klang alles sehr vielversprechend, und Osborns Bücher, in denen er seine Weisheiten verkündete, verkauften sich blendend.

Die Ernüchterung jedoch folgte schon relativ bald – zumindest in wissenschaftlichen Kreisen. Ein Forscherteam nach dem anderen ließ Testgruppen nach Osborns Rezeptur brainstormen, wobei man die Gruppenleistung, zur Kontrolle, mit der Leistung von Einzelpersonen verglich. Das Fazit fiel dabei wiederholt enttäuschend aus: Eine Gruppe mit x Teilnehmern kommt in einer Brainstormsitzung meist auf weniger Ideen als x Einzelgänger in der gleichen Zeit, deren Geistesblitze man bündelt. Beim Brainstorming ist die Gruppe, insbesondere was die Quantität der Eingebungen betrifft, somit weniger leistungsfähig, als es die Gruppenmitglieder auf eigene Faust wären.[138]

So mancher Forscher zerpflückte die Idee des gemeinsamen Brainstormings daraufhin genüsslich. Einige ärgerten sich darüber, dass man in vielen Unternehmen trotzdem weiter stur an Osborns Technik festhielt. Zwei Tübinger Sozialpsychologen bedauerten in einer ihrer Studien, dass die wissenschaftlichen Erkenntnisse nicht in die breite Öffentlichkeit und Geschäftswelt diffundierten, und ich bin geneigt, ihnen zuzustimmen. Dann aber kommen sie zu folgender Empfehlung: Da Brainstorming sich als unproduktiv erwiesen hätte, sollte man bei der Ideenfindung und Problemlösung lieber gleich ganz auf Gruppensitzungen verzichten.[139] Eine klare Ansage – die Frage ist allerdings, ob es sich dabei um den weisesten Schluss handelt, den man aus den empirischen Befunden ziehen kann.

Zum Beispiel spricht nichts dagegen, zuerst alleine zu brainstormen, bevor man sich mit den Kollegen trifft (übrigens etwas, das Osborn selber in einer späteren Ausgabe seines Buchs *Applied Imagination* vorschlug). Wenn alle mit ihren Ideen am Ende sind, ruft man eine Gruppensitzung ins Leben und tauscht sich aus, fängt an zu kombinieren.

Mit Blick auf die zentrale Hypothese dieses Kapitels ist es darüber hinaus nicht uninteressant, dass sich ein Brainstorming unter gewissen Umständen deutlich verbessern lässt. So hat man die Sitzung in manchen Experimenten mit Hilfe eines Moderators, »Facilitator« genannt, unterstützt, was ebenfalls ursprünglich ein Vorschlag Osborns war.[140] Die Folge: Prompt schnitten die Gruppen bei der Ideenproduktion zwar nicht besser, aber immerhin vergleichbar gut ab wie Einzelpersonen. Vermutlich ist es kein Zufall, dass man die Rolle des Facilitators als das Gegenteil eines Narzissten beschreiben könnte: Er oder sie hält sich aus der Diskussion heraus, steuert selbst keine eigenen Gedanken bei, sondern ist dazu da, die Gruppe zu motivieren. Vor allem versucht der Facilitator, die stilleren Mitglieder ins Spiel zu bringen.

In einer Untersuchung mit hochgradig geübten Facilitatorinnen offenbarte sich, dass moderierte Gruppen genauso viele Eingebungen hervorbrachten wie Einzelgänger. Mehr noch, im Laufe der zwanzigminütigen Sitzung ließ die Schöpferkraft der Einzelkämpfer systematisch nach, während sie im Team, dank Facilitator, konstant blieb. In den letzten fünf Minuten brachte die Gruppe mit Facilitator sogar erheblich mehr Ideen hervor als die Einzelpersonen. Hätte die Sitzung etwas länger gedauert, spekulieren die Forscher der Untersuchung, die Gruppe mit Facilitator wäre wohl am Ende auf mehr Einfälle gekommen.[141]

Ich besitze keine Brainstorming-Aktien. Ich bin nicht Osborns Anwalt. Ich bin ein Brainstorming-Agnostiker. Meine grundsätzliche Skepsis gegenüber den diversen »Kreativitätstechniken« habe ich ja schon zum Ausdruck gebracht. Was das Brainstorming im Speziellen betrifft, so scheint mir im Lichte der empirischen Befunde und unter Berücksichtigung des Alltags der meisten Unternehmen und Organisationen folgendes Urteil angemessen: (1) Brainstorming ist nicht so effektiv, wie viele glauben. (2) Richtig angewendet (ohne allzu dominante Figuren, dafür mit Facilitator und Köpfen, die sich ergänzen), kann eine Brainstormsitzung zur Ideenproduktion und -kombination beitragen.

Insgesamt aber, das ist klar, sind gelegentliche Treffen, in denen man mit Ideen herumspinnt, nicht mehr als ein Mittel von mehreren, um eine Gruppe in ein kreatives Team zu verwandeln. Brainstorming mag die bekannteste Technik zur Förderung der Gruppenkreativität sein, es ist dennoch sicher nicht das wichtigste Mittel – was mit einem altbekannten, grundlegenden Aspekt kreativer Schaffenskraft zusammenhängt: Originelle Einsichten sind nun mal nicht auf Kommando zu haben. Sie ergeben sich im Großen und Ganzen eher beiläufig als in einer eigens dazu einberufenen Sitzung, egal, ob man in der Sitzung die Gehirne stürmen lässt oder nicht.

Die besten Ideen tauchen oft in den unscheinbarsten Momenten des Tages auf, wenn man es gar nicht auf sie abgesehen hat: Da steht man also mit dem Kollegen am Kopierer, seufzt, erzählt frustriert, wie man schon seit Ewigkeiten nicht vorankommt und was man nicht alles versucht hat, woraufhin der Kollege dies und das erwähnt – und plötzlich macht es *klick!* Fern von jeder Sitzung, völlig ungeplant, unerwartet. Jedoch: Nur weil diese Momente ungeplant sind, heißt das nicht, dass man dafür überhaupt nichts tun könnte. Man kann ja auch für das Ungeplante planen. Man kann selbst eine ganze Menge dafür tun, damit das Unerwartete und Unberechenbare eine Chance bekommen, sich zu verwirklichen.

Steve Jobs' Ein-Klo-Prinzip

Als das Trickfilmstudio Pixar (*Findet Nemo*, *Ratatouille*), das Apple-Gründer Steve Jobs nach seinem Rausschmiss bei Apple gekauft hatte, Ende der 1990er Jahre eine neue Firmenzentrale brauchte, stürzte sich Jobs geradezu zwanghaft auf jedes Detail des entstehenden Gebäudes. Besonders wichtig war ihm, dass man das Bauwerk so gestalten würde, »dass es Begegnungen und spontane Zusammenarbeit förderte«, wie der US-Journalist Walter Isaacson in seiner großen Jobs-Biographie beschreibt.[142] Die Leute aus den verschiedenen Abteilungen sollten aus ihren Büros gelockt werden, hin zu einem riesigen zentralen Atrium, einem Flugzeughangar ähnlich, mit den Postfächern, einer Cafeteria, einer Müsli-Bar und einem Kinosaal.[143]

Ein Firmengebäude, meinte Steve Jobs, müsse idealerweise so konstruiert sein, dass es die Mitarbeiter immer wieder zwanglos zusammenbringe. »Kreativität«, sagte die Apple-Legende, »entsteht bei ungeplanten Treffen, aus zufälligen Gesprächen. Man läuft jemandem über den Weg, fragt, was er gerade macht, sagt: ›Mensch, das ist ja toll‹, und sofort kommen einem selbst alle möglichen Ideen.«[144]

Nun mag nicht jeder Müsli, aber jeder muss irgendwann mal aufs Klo. Also, dachte sich Jobs, sollte das gesamte Pixar-Gebäude am besten mit nur einem einzigen Toilettenbereich ausgestattet werden, im Atrium, versteht sich. Wie sich herausstellte, konnten sich nicht alle Mitarbeiter im gleichen Maße für diese geniale Idee erwärmen wie Jobs selbst, und so verfügt das Pixar-Zentralgebäude heute doch über mehrere WC-Anlagen – ein Schönheitsfehler, der sich in der Praxis als nicht allzu folgenreich erwiesen hat. Im Gegenteil, »Steves Konzept ging vom ersten Tag an auf«, wie Pixar-Kreativchef John Lasseter sagt. »Ich lief dauernd jemandem über den Weg, den ich seit Monaten nicht gesehen hatte. Ich habe noch nie ein Gebäude erlebt, das Zusammenarbeit und Kreativität stärker gefördert hätte als dieses.«[145]

Die Savanne als Inspirationsquelle für ein Topforschungsinstitut in Berlin, nicht mehr als ein WC-Bereich für das Zentralgebäude eines Multimillionenunternehmens – man könnte diese eigenwilligen Architekturvorstellungen als verschrobene Einfälle eines weltfremden Forschers oder eines exzentrischen Firmenchefs mit Kultstatus abtun.

Doch es steckt mehr dahinter. Die innere Struktur eines Gebäudes spielt eine größere Rolle, als man denkt. Der vornehmliche Grund dafür ist, dass die Architektur, in der eine Gruppe tätig ist, diese Gruppe in jedem Moment des Arbeitsalltags beeinflusst. Nicht sitzungsweise, sondern Minute für Minute, tagaus, tagein, und dies, ohne dass es weiterer Organisationen oder Anstrengungen bedürfte. Ein Gebäude lenkt uns außerdem in einer Art, die uns oft nicht bewusst ist, und wohl nicht zuletzt auch dadurch, dass die stete Lenkung unserer Aufmerksamkeit entgeht, ist die Wirkung, die sie entfaltet, umso größer (man fühlt sich von der Autorität einer Architektur nicht gegängelt, und so ruft sie keinen trotzigen Widerstand hervor, sondern man fügt sich arglos ihrem Willen).

Untersuchungen und Fallbeispiele aus den letzten Jahren offenbaren jedenfalls, dass sowohl Gerd Gigerenzer als auch Steve Jobs einen guten Riecher hatten.[146] In einer neuen Studie – das Pixar-Zentralgebäude stand da seit langem, auch Gigerenzers Flurrenovierung war abgeschlossen – nahmen Soziologen der University of Michigan zwei Forschungsgebäude ihrer Universität unter die Lupe, wobei sie sich exakt ansahen, wo in den Bauwerken welcher Wissenschaftler sein Labor und wo er sein Büro hatte, wo sich die Fahrstühle befanden und, ja, auch die Toiletten.

Erstes Fazit der Untersuchung: Räumliche Nähe beflügelt die Zusammenarbeit. Forschen zwei neue Wissenschaftler in ein und demselben Gebäude, steigt die Wahrscheinlichkeit einer Kooperation zwischen ihnen um 33 Prozent, befinden sie sich in einem Gebäude auf der gleichen Etage, erhöht sich die Chance auf eine Zusammenarbeit sogar um 57 Prozent (beides im Vergleich zu zwei Forschern in unterschiedlichen Gebäuden).

Wolkenkratzer mit extravaganten Fassaden mögen imposant aussehen, wenn aber eine Gruppe groß ist und nicht alle Mitarbeiter auf einem Stockwerk eines Hochhauses untergebracht werden können, könnte sich, aus Sicht des Teamworks, ein unscheinbar flaches, bungalowartiges Gebäude mehr auszahlen. Genau wie Gigerenzer es geahnt hatte.

Und wie Steve Jobs vermutet hatte, entfaltet auch die Aufteilung der Räume innerhalb eines Gebäudes einen beträchtlichen Einfluss. Die Büros von zwei Mitarbeitern können räumlich nah beisammenliegen, trotzdem, wenn die beiden im Gebäude nur selten die gleichen Wege gehen, werden sie auch kaum je zufällig zusammenstoßen, was selbst auf einer gemeinsamen Etage der Fall sein kann, wenn die Mitarbei-

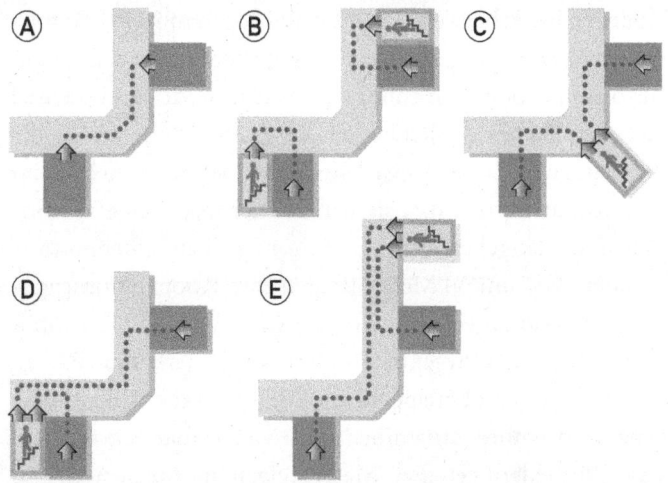

Zwei Kollegen können ihre Büros nahezu direkt nebeneinander haben – wenn aber ihre üblichen Wege kaum überlappen, werden sie auch kaum je zufällig zusammenstoßen. (A) zeigt den Ort zweier Büros und die (relativ kurze) Distanz zwischen ihnen. Bei den nachfolgenden Gebäudestrukturen bleibt diese Distanz gleich, die »überlappenden Zonen« der beiden Mitarbeiter aber unterscheiden sich erheblich. Wenn es, wie in (B), direkt neben den Büros jeweils ein Treppenhaus gibt, werden sich die Mitarbeiter, der räumlichen Nähe zum Trotz, selten spontan treffen, ja dadurch, dass der Korridor geknickt ist, werden sie sich womöglich nie auch nur zu Gesicht bekommen. In (C) nutzen sie zumindest dasselbe Treppenhaus: Es wird zur überlappenden Zone. In (D) gehen sie auf derselben Etage eventuell auch mal ein Stück den gleichen Weg, in (E) ist diese überlappende Zone noch größer.[147]

ter unterschiedliche Räume, Treppenhäuser oder Fahrstühle, WCs, Kaffeeautomaten et cetera benutzen. So analysierten die Soziologen – zusätzlich zur räumlichen Nähe –, wie groß die »überlappenden Zonen« der Mitarbeiter innerhalb eines Gebäudes ausfielen. Damit sind jene Wege gemeint, die zwei

Kollegen im Arbeitsalltag regelmäßig gehen müssen und miteinander teilen. Wege also vom Treppenhaus zum Büro, vom Büro zum Labor, vom Labor zum WC usw., die das Potential zufälliger Treffen in sich bergen. Es zeigte sich: Je größer die überlappende Zone zweier Mitarbeiter ist, desto mehr kann man darauf wetten, dass sie früher oder später eine Zusammenarbeit eingehen werden. Erhöht sich ihr übereinstimmender Weg um 30 Meter, steigen ihre Kooperationschancen um rund 20 Prozent. Gemeinsame Wege führen somit zu gemeinsamen Projekten. Mehr noch, je stärker die Zonen zweier Kollegen überlappen, desto höher ist die Wahrscheinlichkeit, dass ihre Zusammenarbeit von Erfolg gekrönt sein wird: Mit jedem geteilten Meter steigen die Aussichten, dass sie für ihr gemeinsames Projekt das nötige Forschungsgeld (einen sogenannten »Grant«) ergattern werden.[148]

Sozialkompetente Gebäude

Wenn das Gebäude, in dem wir arbeiten, tatsächlich darüber mitbestimmt, wie produktiv wir als Team sind, wäre es natürlich hilfreich, würde man die allgemeinen »Gesetze« einer interaktionsfördernden Architektur kennen. Da die Sache hochgradig komplex ist und die Forschung zu diesem Thema noch in den Kinderschuhen steckt, kennt niemand diese Gesetze genau. Häufig sind es Kleinigkeiten – wie die Größe der Tische in der Cafeteria –, die auf einmal eine erstaunliche Wirkung entfalten. Hier bei aller Vorsicht eine provisorische Skizze mit einigen Faustregeln und Anregungen:

Regel Nummer 1 betrifft das Savannenprinzip. Jene Mitarbeiter, die am intensivsten in Kontakt kommen sollen, sollten am besten auf demselben Stockwerk untergebracht werden. Eine Studie, die Gigerenzers Savannenvergleich unterstreicht, ergab, dass ein gemeinsames Geschoss für den regelmäßigen Austausch der Mitarbeiter wichtiger ist als die formelle Abteilungszugehörigkeit. Mit anderen Worten: Für unser Savannengehirn gehören jene Menschen zu unserer Gruppe, mit denen wir den Flur teilen. Punkt. Was die offizielle Unternehmensstruktur dazu sagt, ist dem Gehirn egal.[149]

Der MIT-Forscher Thomas Allen und der deutsche Architekt Gunter Henn beschreiben das Savannenphänomen in ihrem Buch *The Organization and Architecture of Innovation* wie folgt: Sobald wir in einem Hochhaus den Fahrstuhl verlassen und unser Stockwerk betreten, wird dieses Stockwerk zu unserer Welt. Dass es im Gebäude noch andere Geschosse gibt, blendet unser Gehirn unwillkürlich aus. Was unser Bewusstsein betrifft, gibt es diese anderen Stockwerke nicht. Und damit verschwinden auch die Mitarbeiter, die auf diesen Etagen tätig sind.

Die Folgen sind, wie auch Allen und Henn ausführen, oft nicht gerade wünschenswert. Sie können sogar äußerst unproduktiv sein. Beispiel: In der BMW-Zentrale in München hatte man einmal das Problem, dass die Ingenieure, die die 5er-Modellreihe konzipierten, kaum zur Kenntnis nahmen, was jene Kollegen so trieben, die an der 7er-Serie tüftelten – und umgekehrt. So manche Innovation des einen Teams, die das andere gut hätte gebrauchen können, wurde entweder zu spät ausgetauscht, oder man verpasste sie ganz. Und was war der Grund für diese mangelnde Kommunikation innerhalb ein und desselben Unternehmens? Ganz genau, ein erheblicher Hemmschuh bestand darin, dass beide Teams in unterschiedlichen Stockwerken tätig waren.[150]

Regel Nummer 2 erweitert das Savannenprinzip. Positiv formuliert könnte man dieses »Gesetz« so umschreiben: Wenn etwas in unser Blickfeld rückt, rückt es automatisch in unser Bewusstsein. Da sich Stockwerke nur selten vermeiden lassen, besteht eine brauchbare Kompensation darin, die *Sicht* auf die anderen Stockwerke zu erhöhen.

Eine elegante Umsetzung dieses Prinzips, der sich ja auch Steve Jobs für das Pixar-Zentralgebäude bediente, ist das Atrium. Ein Atrium ist ein zentraler Raum, der nach oben hin offen ist, eventuell über mehrere Stockwerke hinweg. Shopping-Malls nutzen häufig den Atrium-Trick, und das nicht von ungefähr – indem man vom einen Geschoss auch die anderen Geschosse sehen kann, wird man beim Shoppen erinnert: Ah, da ist ja noch dieser Laden mit den original australischen Krokodilledergürteln, da muss ich unbedingt auch noch hin! Was uns ins Auge springt, springt uns in den Sinn.

Das Optik-Prinzip ist nicht auf Stockwerke begrenzt. Wie die schematische Abbildung auf Seite 183 veranschaulicht, kann schon ein Knick in einem opaken Korridor Mitarbeiter wie eine virtuelle Wand voneinander trennen. Gebäude, die hier und da auf Betonwände verzichten und dafür mehr mit Glas arbeiten, erweitern den Blick, und was den Blick erweitert, erweitert das Bewusstsein: Die Sicht auf andere Kollegen ist für das Gehirn meist ein schlagender Beweis dafür, dass es diese Kollegen auch tatsächlich gibt – schon ist man geneigt, einmal bei ihnen vorbeizusehen. (Zur Einschränkung: Die Kunst besteht hier darin, die richtige Balance zwischen Privatsphäre und Transparenz hinzubekommen.)

Regel Nummer 3 lautet: »Anzugspunkte« allerlei Art bringen die Menschen in Bewegung, was zu den gewünschten Begegnungen führt. Sobald ein Mitarbeiter mehr als 20 Meter von uns entfernt sitzt, sinkt die Chance der Kommunikation mit ihm, wie Studien ergeben haben, bereits drastisch.[151] Einzelzimmer sind zwar großartig für konzentriertes Arbeiten (das hier soll keineswegs ein Plädoyer für laute, stressige Großraumbüros sein[152]), gerade aber wenn alle oder viele ihr eigenes Büro haben, wird Steve Jobs' Klo-Regel noch wichtiger: Es sollte Anreize geben, um auch immer mal wieder die eigenen vier Wände zu verlassen. Man muss als Mitarbeiter zum gelegentlichen Wandern verführt werden, und zwar hin zu jenen »überlappenden Zonen«, in denen man sich potentiell trifft. Strategisch lokalisierte Toiletten oder gemeinsame Kaffeebereiche sind dafür lediglich zwei Beispiele von vielen.

Schließlich kann alles, was Menschen nutzen wollen oder müssen, als Mitarbeiter-Magnet in Frage kommen: eine Kantine, ein gemeinsamer Drucker, ein Hightechmikroskop oder andere technische Geräte, die man sich teilt, eine Bibliothek, eine gemütliche Couchecke, ein Raucherzimmer und natürlich auch – neuerdings ja in jedem Office zu finden, das was auf sich hält – Nischen mit Pingpong-, Billard- und Kickertischen. Hauptsache, es gibt Plätze, zu denen es die Mitarbeiter hinzieht, raus aus ihren privaten Zellen, rein in den gemeinschaftlichen Raum. Dorthin, wo der Austausch von Angesicht zu Angesicht stattfindet.

Oft steckt bei alledem der Teufel im Detail. Die Details aber summieren sich und können, zusammengenommen, einen spürbaren Unterschied dessen ausmachen, was wir gemeinhin mit vagen Begriffen wie »Atmosphäre« und »Stimmung«

charakterisieren. Beispiel: Ein junges Softwareunternehmen ersetzte die vielen kleinen Tische in ihrer Kantine, an denen jeweils nur wenige Mitarbeiter sitzen konnten (wahrscheinlich bevorzugt solche, die sich ohnehin schon kannten), durch einige wenige lange Tische, an denen viele Platz hatten. Das Ergebnis: Der Austausch stieg deutlich an.[153]

Eine deutsche Architektin namens Kerstin Sailer, die in der britischen Hauptstadt am University College London lehrt, beschreibt, wie in einem der Gebäude ihrer Universität die Korridore dermaßen eng sind, dass kaum jemand darin verweilen mag, sagen wir für eine Konversation, weil man dann lästigerweise den vorbeikommenden Passanten im Wege steht. Also gehen die Leute schnurstracks weiter. Und wieder wurde die Chance für einen spontanen Gedankenaustausch vertan.[154]

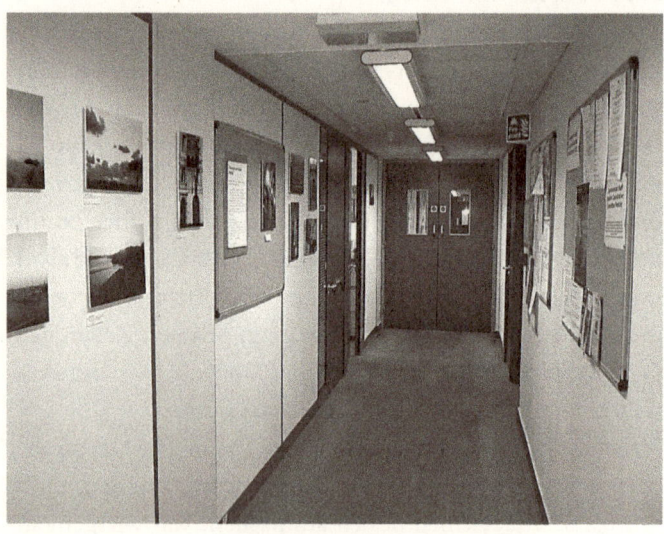

Dieser Korridor in London nötigt zum Weitergehen.

Als Kontrastbeispiel weist die Architektin Sailer auf ein Gebäude hin, das sie für ihre Doktorarbeit ausführlich untersucht hat. Es ist das Max-Planck-Institut für Physik komplexer Systeme in Dresden, ein lichtdurchfluteter, offener Gebäudekomplex, »den ich für hervorragend halte, um die Interaktion zwischen den Kollegen zu fördern«, wie Kerstin Sailer mir berichtet hat.

Bei ihren Forschungen in dem Dresdner Institut stieß Sailer wiederholt auf Mitarbeiter, die die Architektur des Instituts in Verbindung mit der interaktiven Stimmung dort brachten. »Die Treppe, die großen Fenster, es ist alles sehr hell«, lobte beispielsweise eine der Mitarbeiterinnen. »Irgendwie bringt es einen dazu, dass man mit Leuten kommuniziert in den weiten Flächen, dass man auch mal stehen bleibt, sich anlehnt und sagt, oh, jetzt kommt jemand, den

So geht's auch: Ein Korridor des Max-Planck-Instituts für Physik komplexer Systeme in Dresden.

wolltest du mal was fragen oder mit dem hattest du eh was zu besprechen, und dann bleibt man stehen.«[155]

Eine Atmosphäre, in der die Mitarbeiter sich gerne austauschen, ist freilich das Resultat zahlreicher Faktoren. Das Gebäude, in dem man tätig ist, ist *ein* maßgeblicher Faktor, der zu einer solchen Atmosphäre reger Interaktion beitragen oder sie verhindern kann. Gebäude sind wie ein weiterer, stiller, wenn auch sehr mächtiger Mitarbeiter, der das Verhalten aller anderen fortwährend beeinflusst. So manch hübsche Architektur mit optisch eindrucksvoller Glasfassade ist hinter ihrer glänzenden Hülle derart beschaffen, dass sie die erklärten Absichten des Instituts oder Unternehmens effektiv sabotiert. Offiziell mag man verkünden, dass hier an diesem Institut interdisziplinäres Teamwork großgeschrieben wird. Nur bleibt es leider bei der vielversprechenden Absicht, weil das Bauwerk, in dem dieser fächerübergreifende Austausch aufblühen soll, mit seiner eigenen Grammatik eine andere Sprache spricht als die offizielle Institutsphilosophie. Andere Gebäude dagegen, äußerlich vielleicht keine Hingucker, entwickeln ihre Stärken im Innern, wenn man sie betritt, wenn man darin arbeitet und lebt. Ihr Charme entspringt nicht ihrem attraktiven Gesicht, sondern ihrer ausgeprägten sozialen Kompetenz.

Vom Wert gemeinsamer Kaffee- und Bierpausen

Eine räumliche Struktur kann Menschen trennen oder zu-
sammenbringen. Entsprechendes gilt natürlich für die Zeit.
In einem Max-Planck-Institut in Berlin-Mitte, das ich einst
aus überwiegend privaten Gründen ebenfalls öfters besuchte[156], stellte man vor einigen Jahren fest, dass die Doktoran-
den der an dem Institut angesiedelten Wissenschaftsgruppen
nur wenig miteinander redeten. Die Chefs griffen zu folgender Maßnahme: Sie riefen kurzerhand ein Doktorandense-
minar ins Leben (jeden zweiten Dienstag um fünf), wobei
sie zu jedem Seminar eine Kiste Bier spendeten. Die Kommunikation zwischen den Gruppen erfuhr eine erfreuliche
Auffrischung.

Manchmal erweist sich das, was aus rein wirtschaftlichen
Gesichtspunkten als effizient erscheint, in der Praxis als inef-
fizient, weil dabei ignoriert wurde, dass es einen Unterschied
zwischen ökonomischer und menschlicher Logik gibt. In
einem Callcenter einer Bank zum Beispiel hatte man, wie in
vielen Callcentern, die Kaffeepausen so strukturiert, dass die
Mitarbeiter eines Teams möglichst nie zeitgleich ihren Arbeitsplatz verließen. So wollte man sicherstellen, dass nicht
plötzlich das ganze Team verschwunden wäre und sämtliche
Telefone heißklingelten. Das Problem jedoch war, dass die
Mitarbeiter auf diese Weise nur selten in lockerer Runde zu-
sammenkamen, um dabei eventuell auch beiläufig typische
Arbeitsprobleme oder sonstige Tipps auszutauschen.

Die MIT-Forscher Ben Waber und Alex Pentland, die das

Callcenter näher untersucht haben, schlugen vor, die Pausen der Teammitglieder zusammenzulegen. Da das Callcenter zum Zeitpunkt der Untersuchung auf über 10 000 Mitarbeiter angewachsen war, konnten die eingehenden Anrufe in der relativ überschaubaren Zeit problemlos auf ein anderes Team umgeleitet werden.

Obwohl der Vorschlag gegen die Standardpraktiken des Unternehmens verstieß, beschloss der zuständige Manager, sich auf das Wagnis einzulassen. Das Resultat war beachtlich: Durch die gemeinsamen Kaffeepausen verbesserte sich nicht nur das Betriebsklima, auch die Effizienz und Produktivität der Mitarbeiter stieg an. Der Manager ist dermaßen angetan, dass er die gemeinsame Kaffeepause derzeit in allen zehn Callcentern der Bank einführen will. Natürlich, die Bank interessiert sich dabei nicht zuletzt für jene Verbesserung, die sich ganz konkret, nämlich in Geldeinheiten ausdrücken lässt. Aber auch da kann sich die Sache sehen lassen. Wie die MIT-Wissenschaftler berichten, verspricht man sich von der Aktion immerhin ein jährliches Plus von 15 Millionen Dollar.[157]

Orte mit hohem Kreativitätsquotient

Im Rahmen der Recherchen zu diesem Buch schritt ich irgendwann an einem bitterkalten Wintermorgen über das Areal der »Factory« in Berlin. Die Factory ist ein neuer Campus für Internet-Start-ups. Sie befindet sich auf dem Gelände einer ehemaligen Bierbrauerei, nicht weit von der Bernauer Straße, genau an der früheren Grenze von Ost und

West, dort, wo sich die Welt einst teilte. Nur ein Steinwurf entfernt steht noch ein Stück original Berliner Mauer.

Gleich nebenan, in der Factory, bastelt man an der Zukunft. Hier vibriert die digitale Gründerszene. Es wird gebaggert, gebaut, renoviert – die Internetfabrik ist im Werden begriffen. In ihrer fertigen Gestalt sollen die diversen Gebäude auf dem gut zwei Fußballfelder großen Areal Platz für 40, maximal 50 Firmen mit insgesamt 500 bis 600 Mitarbeitern bieten. Zahlreiche Unternehmen sind in den letzten Jahren bereits eingezogen, die restlichen wollen bald nachkommen: Die Liste reicht von kleinen unbekannten Start-ups mit Namen wie Mentor, Views und Toast bis hin zu bekannten Größen des Internets, darunter das deutsche Team von Twitter, die Musikplattform Soundcloud und das Softwareunternehmen Mozilla.

»Ziel ist es, Anfänger-Start-ups mit etablierten Unternehmen zusammenzubringen«, sagt Simon Schäfer, der Berliner Investor, der die Factory ins Leben gerufen hat. Die Anfänger sollen von den Erfahrungen der alten Hasen profitieren, die alten Hasen, die meist selbst noch blutjung sind, vom frischen Wind, den die Anfänger mitbringen. Google war von dem Projekt immerhin so überzeugt, dass man beschloss, die Factory mit einer Million Euro zu unterstützen.

Schäfer erzählt, dass er weitaus mehr Anfragen von Firmen bekommt, als sich in den Gebäuden unterbringen lassen. Das erlaubt ihm, jene Start-ups und Unternehmen herauszupicken, die ins Konzept passen.

Und dazu gehört, wie er sagt, nicht nur eine überzeugende Geschäftsidee.

Vielmehr achtet der Initiator auch darauf, wie die Kandidaten in sozialer Hinsicht ticken. Schäfer hat die Factory als Ganzes im Blick, wenn man so will: als Superorganismus. »Ich habe zwei großartige Mitarbeiterinnen, die das tun, was ich nicht so gut kann«, sagt Schäfer. »Sie sind bei den Bewerbungen dabei, sie prüfen, ob die Chemie stimmt.« Einerseits gehe es bei der Kandidatenauswahl darum, sicherzustellen, dass sich die Unternehmen der Factory thematisch ergänzen. Andererseits sind bei den Bewerbern jene Fähigkeiten und Eigenschaften entscheidend, die den Fabrik-IQ möglichst positiv beeinflussen: eine ausgeprägte soziale Ader, die Bereitschaft, nicht mit den eigenen Ideen hinterm Berg zu halten, die Lust am Austausch.

Die räumliche Nähe der Factory-Gebäude soll diesen Austausch weiter anregen. Für überlappende Wege und »zufällige« Treffen wiederum soll eine üppige Auswahl an gemeinschaftlichen Plätzen sorgen: Ein Basketballplatz im Innenhof, ein Café, ein Restaurant, ein Fitnessraum, eine Kunstgalerie sowie eine Dachterrasse für alle.

Als ich die Factory besuchte, hatten einige der Firmen soeben gemeinsam Weihnachten gefeiert. Es sind unter anderem Zusammenkünfte wie diese, wie mir die Gründer von Mentor und Views erzählt haben, auf denen man mit den ebenso unscheinbaren wie wertvollen Wissensschnipseln konfrontiert wird, die im riskanten Gründerleben – zumindest in ihrer Summe – mitunter über Erfolg oder Misserfolg entscheiden können. Man tauscht Erfahrungen und Buchtipps aus. Führt sich gegenseitig die Apps vor: Wie findet ihr unser Design? Ist die App verständlich? Wer einen guten Graphiker braucht, der muss nicht lange suchen: Er geht einfach nach nebenan, zur nächsten Firma, und fragt. Die unmittelbare Nähe der anderen, ihre Präsenz bereichert und spornt zugleich an. So soll die Factory zu einem Ort der Schaffenslust werden, einem Ort der Inspiration.

Vielleicht ist es gar nicht so abwegig, auch Regionen und Städten beziehungsweise Stadtteilen einen gewissen IQ oder »Kreativitätsquotienten« zuzuschreiben. Es ist ja nicht so, dass im alten Athen oder im Florenz des 15. Jahrhunderts die Einwohner plötzlich aufgrund einer Genmutation geistreicher geworden wären. Manche Orte haben zu bestimmten Zeiten bestimmte Menschen hervorgebracht und angezogen und dann auf relativ engem Raum eine beispiellose Schöpferkraft freigesetzt. Die Erfolgsfaktoren dieser Kreativitäts-Cluster sind, wie die Gesetze inspirierender Architektur, bislang nur spärlich erforscht – ein reger Austausch von Wissen und Fähigkeiten jedoch dürfte zu einer der unverzichtbaren Hauptzutaten gehören.

Dieses Phänomen, das Phänomen sozialer, interaktiver Kreativität, entspricht nicht ganz jener Vorstellung des Schöpferischen, die uns klassischerweise vor Augen schwebt: dem Bild vom einsamen Genie, das in schmerzhafter Gesellschaftsferne seine revolutionären Gedanken ausbrütet. So beliebt das Klischee vom Genie als Einsiedler sein mag – es ist nicht nur einseitig. Es vermittelt in seiner Einseitigkeit auch eine falsche Botschaft. Denn nicht nur der Charakter, auch das Talent bildet sich im Strom der Welt. Der schöpferische Prozess ist angewiesen auf den Wechsel von ungestörter Arbeit und Muße und dem lebhaften Austausch mit anderen. Kreativ zu sein heißt auch und gerade in heutiger Zeit, die Wüste oder den Elfenbeinturm zu verlassen und sich an den richtigen Ort, ins Zentrum des Geschehens, zu begeben. Man muss dorthin, wo die Experten und Pioniere des Metiers sind. Dorthin, wo die Ideen in der Luft liegen.

Dass man dann nur noch tief einatmen müsste, um den großen Durchbruch auszuhauchen, ist zu schön, um wahr zu sein. Und doch beziehen inspirierende Orte ihre Kraft auch aus dem Umstand, dass man sich, einmal dort angekommen, eingetaucht ins Getümmel, auf geradezu »organische« Weise das Know-how und die Kultur seiner Umgebung einverleibt. Man wird von den umherschwirrenden Ideen und der Energie der Mitmenschen infiziert. So können manche Orte, wie manche Gruppen, zu weit mehr als der Summe ihrer Individuen werden. Es sind Orte wie diese, an denen auch wir die Chance bekommen, über uns hinauszuwachsen.

5 WIE SIE IHRE EIGENE KREATIVE NISCHE ENTDECKEN

Genie – eine Sache von Talent oder Training?

Ich schreibe immer mit Musik, auch diese Zeile, die folgenden Sätze, dieses Buch. Ich schließe die Jalousien meines Arbeitszimmers, setze meinen Kopfhörer auf, was meine Art ist, mich von der Außenwelt abzuschirmen, und verschwinde für einige Stunden in meine Welt. Es muss eine einigermaßen vertraute Instrumentalmusik sein, eine Stimme würde meiner eigenen in die Quere kommen. Vielleicht bin ich auch aus diesem Grund schon früh auf die Musik von Hans Zimmer gestoßen. Und immer mal wieder, die Finger an der Tastatur, ein Stück von Hans Zimmer in den Ohren, ertappte ich mich – statt mich auf die Zeilen zu konzentrieren, die ich eigentlich schreiben sollte – bei der Frage: Was mag das für ein Mensch sein? Woher nimmt der Mann diese Melodien?

Viele haben zwar schon von ihm gehört, der Name aber ist nicht unbedingt jedem ein Begriff: Der deutsche Komponist Hans Zimmer schreibt seit den 1980er Jahren eine erfolgreiche Filmmusik nach der anderen. Dass ihm ein Soundtrack völlig missrät, ist selten, die meisten sind außergewöhnlich gut, und gelegentlich gelingt ihm ein Meisterwerk (wie das Stück *Time* für den Film *Inception*). Zimmers Durchbruch war der Soundtrack zum Kinofilm *Rain Man* mit Dustin Hoffman und Tom Cruise aus dem Jahr 1988 – seine erste Arbeit für Hollywood, die ihm auf Anhieb eine Oscar-Nominierung einbrachte. Seitdem hat Zimmer die Musik zu über 100 Filmen geschrieben, gut ein halbes Dutzend Mal wurde er für den Oscar nominiert, er gewann einen, er gewann vier Grammys, zwei Golden Globes sowie unzählige weitere Auszeichnungen.[158]

Meine Frage, woher Hans Zimmer seine Melodien und Stücke nimmt, könnte man auch anders, allgemeiner formulieren: Woher kommt Kreativität? Was ist das Geheimnis guter Ideen? Wieso haben manche Zeitgenossen mehr als andere? Es gibt auf diese Fragen zwei beliebte, gegensätzliche Standardantworten.

Die Antwort mit der längsten Tradition und dem nach wie vor größten Fanclub lautet: Kreativität ist das Resultat angeborener Begabung, eine Sache von »Genie«, das man entweder hat oder nicht. Genie kann man nicht lernen. Er habe nun einmal »das gewisse Etwas«, hat ganz in diesem Sinne der britische Regisseur Ridley Scott auch Hans Zimmers Gaben gedeutet. »Ich glaube nicht, dass du das lernen kann. Du hast es einfach. Es liegt dir im Blut.«[159]

Die radikale Gegenposition dazu, die in den letzten Jahren stark an Popularität gewonnen hat, stuft kreatives Können hauptsächlich als eine Sache des Trainings ein. Kreativität sei demnach vor allem das Ergebnis von Übung und hartnäckigem Dranbleiben – 99 Prozent Transpiration. Wer zehn Jahre auf einem bestimmten Feld tätig ist, oder, noch konkreter formuliert, wer 10 000 Stunden in ein Fach investiert, alles lernt, was es zu lernen gibt und dabei immer wieder an die Grenzen seiner Fähigkeiten geht, der wird in diesem Metier mehr oder weniger automatisch zum Meister.[160] Zimmer selbst scheint dieser Erklärung gegenüber nicht abgeneigt zu sein: »Du musst deine Stunden hineinstecken«, hat er einmal in einem Interview gesagt, und er betont immer wieder, wie schwer ihm jeder neue Soundtrack fällt. »Ich glaube wirklich an diese Sache mit den 10 000 Stunden, die man braucht, um gut in irgendetwas zu werden.«[161]

Beide Erklärungsansätze erfassen zweifellos einen entscheidenden Ausschnitt der Wirklichkeit, und doch gehen sie mit ihrer Entweder-oder-Philosophie zugleich an ihr vorbei. Wenn man den Werdegang kreativer Menschen wie Hans Zimmer verfolgt, offenbart sich in Wahrheit ein komplexeres Bild, ein subtileres, eines, in dem die zwei Extrempositionen auf eine Weise ineinandergreifen, die aufschlussreicher ist, als es die brav-versöhnlich klingende Feststellung, dass selbstverständlich sowohl das Talent als auch das Training eine Rolle spielen, vermuten ließe.

In diesem abschließenden Kapitel will ich mir das genauer ansehen. Wie haben Menschen, die wir als hochkreativ einstufen, zu ihrer Schaffenskraft gefunden? Sind dabei grundsätzlich andere Mechanismen am Werk als bei uns Normalsterblichen? Oder lässt sich von ihren Erfolgsgeheimnissen etwas lernen?

Jeder von uns hat seine Talente, und viele von uns arbeiten hart. Was Menschen auszeichnet, die wir als besonders schöpferisch bezeichnen oder sogar als Genies empfinden, ist etwas Anderes, Zusätzliches, sehr Spezifisches. Wer sich in die Biographien dieser Menschen vertieft, stößt nahezu ausnahmslos auf diesen Aspekt. Wie mir im Verlauf der Recherche klar wurde, gibt es somit doch so etwas, was man als *den* grundlegenden Kreativitätsfaktor klassifizieren könnte. In den experimentellen Versuchen kommt er allerdings nicht zum Vorschein – er offenbart sich erst beim detaillierten Studium einzelner Menschen.

Die Angelegenheit mag unspektakulär anmuten, in der praktischen Realisierung jedoch – im Leben selbst – erweist sie sich oft als langwierig, frustrierend, als etwas Fragiles, das leider allzu oft von Zufall und Glück abhängig ist und womit auch manch begabter Mensch mitunter jahrelang zu kämpfen hat. Es ist ein maßgeblicher Grund dafür, dass zahlreiche Menschen voreilig zum Schluss gelangen, sie seien halt »einfach nicht kreativ«. Tatsächlich ist es eher so, dass sie nie bis an diesen kritischen Punkt herangekommen sind. Sie haben vorher aufgegeben. Sie haben sich voreilig als »nicht kreativ« eingestuft, zu einem Zeitpunkt, an dem ein definitives Urteil noch gar nicht möglich oder sinnvoll war. Wenn Sie Ihre schöpferischen Fähigkeiten zur höchsten Entfaltung bringen wollen, müssen Sie über diese Hürde kommen. Es ist die wichtigste Voraussetzung für die Freisetzung der kreativen Kräfte. Ich nenne diese Hürde: das Entdecken der eigenen kreativen Nische.

Der weltberühmte Komponist, der keine Noten lesen kann

Es gibt einen Spruch, der Einstein zugeschrieben wird, auch wenn sich dafür kein stichhaltiger Nachweis finden lässt. Als Bonmot ist der Spruch trotzdem treffend. Er geht so: »Jeder ist ein Genie – aber wenn du einen Fisch danach beurteilst, ob er auf einen Baum klettern kann, wird er sein ganzes Leben glauben, er sei dumm.«

Betrachten wir in diesem Zusammenhang Hans Zimmers Werdegang. Wenn man Hans Zimmers Weg zu seinen heutigen Fähigkeiten verfolgt, wenn man zurückgeht in seine Jugend und Kindheit, stellt man fest, dass niemand in seinem

Umfeld auch nur die leiseste Ahnung hatte, dass aus diesem Jungen einmal ein weltberühmter Komponist werden würde. Natürlich, so ist es oft, aber genau das ist der Punkt, um den es mir geht.

In der Schule erwies sich Hans Zimmer als absolute Fehlbesetzung. Wenn Zimmer ein Fisch war, dann war die Schule jener Baum, den er erklettern sollte. So gesehen wundert es vielleicht nicht, dass der kleine Hans, 1957 in Frankfurt geboren, vom Zeitpunkt seiner Einschulung bis zur Pubertät von rund einem halben Dutzend Schulen flog (»in der Klasse träumte ich nur vor mich hin«[162]).

Man wechselte den Baum und versuchte es mit einem Internat in der Schweiz. Auch daraus wurde nur ein kurzes, nicht sehr glorreiches Experiment. Die Suche ging weiter, die Mutter – der Vater war kurz vor Hans Zimmers sechstem Geburtstag gestorben – sah sich mit wachsender Verzweiflung in praktisch ganz Europa nach einer geeigneten Bildungsanstalt für ihren Sohn um.

Schließlich wurde sie gut 30 Kilometer südlich von London fündig, wo ein Mann namens Richard Jackson eine neue, vielversprechende Reformschule gegründet hatte, das Hurtwood House.[163] Als Zimmer Anfang der 1970er Jahre an die Schule kam, zählte sie gerade mal zwischen 40 und 50 Schüler, was es dem Direktor Jackson ermöglichte, sich um jeden einzelnen persönlich zu kümmern. Er konnte maßgeschneiderte Programme für seine Schüler erstellen. Jackson nahm den schwierigen Teenager gleich am ersten Tag zur Seite und sagte: »Ich weiß, die anderen Schulen hatten Probleme mit dir – wie können wir das vermeiden?«

Und Hans Zimmer antwortete: »Lasst mich einfach Musik machen.« Überraschenderweise sollte dieser Wunsch in Erfüllung gehen, zum Teil jedenfalls. Der Schuldirektor Jackson schloss, wie er mir erzählt hat, einen »Deal« mit seinem neuen Schüler ab: Hans Zimmer würde reichlich Zeit bekommen, sich seiner Leidenschaft zu widmen, wenn er sich im Gegenzug auch im normalen Unterricht engagieren würde. Zimmer ging auf den Pakt ein, und so improvisierte er fortan in dem englischen Internat täglich auf seiner Gitarre. Später wechselte er dann zum Keyboard.[164]

Und allmählich kam der chronische Schulversager aus sich heraus. Er blühte auf. Hier, endlich, an diesem Ort, durfte er sich dem hingeben, wovon er im sonstigen Unterricht hatte träumen müssen. Vor allem: Das, wovon er meinte, dass es ihn im Kern auszeichnete, wurde plötzlich ernst genommen, was ihn komplett zu verändern schien. »Auch im Unterricht war er bei uns kein Störenfried, im Gegenteil, er war ein sehr interessanter Gesprächspartner, ein sensibler, intelligenter Junge«, erinnert sich der heute 74-jährige Jackson.[165]

Überrascht es, dass Hans Zimmer nie nach Deutschland zurückgekehrt ist? Er blieb dort, wo er erlebt hatte, dass er der werden durfte, der er eigentlich war: Er blieb in London, mischte sich unter die dortige Musikszene. Bald sprach sich herum, dass es da diesen Typen gab, der ein besonderes Gespür für »coole Sounds« hatte. Der Synthesizer drang in die Popmusik – und Zimmer wurde zu einem Synthesizer-Pionier. Langsam eroberte er sich seine ganz spezifische Nische, eine Nische, die er erst entdecken, ja selbst miterfinden musste: Wie er merkte, lag sein persönliches »Ding« in der Verbindung von Musik und Computer, im Hervorbringen elektronischer Klänge.

Man könnte meinen, dass Hans Zimmer, auch wenn er in den üblichen Schulfächern eine Niete war, doch wohl sicher im Musikunterricht geglänzt hätte. Könnte man meinen. War aber nicht so. Die Eltern hatten zu Hause ein Klavier gehabt, einen Flügel, die Mutter ist sehr musikalisch, und da ihr Sohn durchaus Interesse am Klavier gezeigt hatte, hatte sie ihn eines Tages gefragt, ob er nicht Musikstunden bekommen wolle. Klar wollte er. »Ich hörte all dieses Zeugs in meinem Kopf«, erinnerte sich Zimmer später. Und er dachte sich, dass der Lehrer ihm dabei helfen würde, dieses »Zeugs« in seinem Kopf auszudrücken. Stattdessen sollte er Tonleitern üben und die Noten anderer Musiker spielen. Der Unterricht währte zwei Wochen. »Es war ein Blutbad.«[166]

Hans Zimmer hat nie eine Musikschule besucht. Bis auf den heutigen Tag kann er Noten nicht sonderlich gut lesen (eine Unfähigkeit, mit der er gern kokettiert, allerdings ist es tatsächlich so, dass er mit Hilfe einer speziellen Software an einem Keyboard komponiert, diese Daten werden anschließend am Computer bearbeitet, woraufhin seine Mitarbeiter sie in Noten übersetzen, die Zimmer dann den Musikern oder dem Orchester vorlegen kann[167]). Zimmers Instrument ist der Computer. Sein Konservatorium bestand darin, mit Keyboards und Synthesizern zu experimentieren, in diversen Bands zu spielen und auch: sich einem Mentor anzuschließen, der ihn in das Metier einführte, in dem er es nach und nach zur Meisterschaft bringen sollte.

So wurde Hans Zimmer im London der 1980er Jahre Assistent des britischen Filmkomponisten Stanley Myers[168], der seinen Lehrling von Anfang an vieles selbst ausprobieren und entdecken ließ. Teils aus ganz pragmatischen Gründen: Myers mochte zum Beispiel keine Verfolgungsszenen, also durfte Zimmer eine Menge Verfolgungsjagden mit Musik unterlegen.

In der ersten Zeit war es so, dass den Regisseuren immer nur das gefiel, was Myers komponiert hatte. Myers hielt trotzdem an seinem jungen Kollegen fest. Zimmer: »Man muss Glück haben im Leben, man muss jemand finden, der einem diese Periode ermöglicht, in der man schreckliche Musik schreiben darf.«[169]

Myers und Zimmer wurden zum Team. Und dann, nach Jahren des Ausprobierens, nach unzähligen vergeigten Kompositionen, fing auch Hans Zimmer an, Stücke zu schreiben, die die Regisseure mochten und begeisterten. Und schließlich auch die Ehefrauen von Regisseuren, wie die Gattin des US-Regisseurs Barry Levinson, Diana Rhodes. Rhodes hatte den britischen Antiapartheidsfilm *A World Apart* (dt. Titel: *Zwei*

Welten) gesehen und war dermaßen angetan vom Soundtrack, dass sie ihrem Mann die CD gekauft hatte. Der tourte damals durch die Welt, um Werbung für seinen Film *Good Morning, Vietnam* zu machen. Als ihn die Tour nach London brachte, beschloss er, dem Komponisten des von seiner Gattin so geschätzten Soundtracks einen Besuch abzustatten. So tauchte Hollywood eines späten Abends vor Hans Zimmers Studio in London auf, in Gestalt von Barry Levinson, und fragte ihn, ob er nur am europäischen Film interessiert sei, oder ob er sich vorstellen könne, auch mal für einen amerikanischen Film die Musik zu schreiben. Er, Levinson, arbeite da gerade an einem neuen Projekt mit einem autistischen Genie als Protagonist, gespielt von Dustin Hoffman ...

Was an kreativen Möglichkeiten in uns steckt, ist unvorhersagbar

Viele sind der Überzeugung, Kreativität sei eine Eigenschaft, die einigen wenigen Menschen innewohnt, und wenn man zu den glücklichen Auserwählten zählt, ist man gesegnet und kann sich bequem zurücklehnen, und wenn nicht, dann kann man, was Einfallsreichtum, originelles Arbeiten oder eine kreative Laufbahn betrifft, genauso gut einpacken. Diese Vorstellung ist aus verschiedenen Gründen falsch.

Es mag – auch das ist nicht unumstritten – einen generellen Intelligenzfaktor namens »g« geben, der die analytische Denkfähigkeit, egal, ob in sprachlicher, räumlich-visueller oder arithmetischer Form, erfasst. Es gibt aber keinen k-Faktor für die allgemeine Kreativität einer Person. Man kann hergehen und mit einem IQ-Test den Intelligenzquotienten eines Schulkindes messen, und so unglaublich es klingt: Bis zu einem gewissen Grad lässt sich mit dieser einen Ziffer der spätere berufliche Erfolg des Kindes vorhersagen.[170]

Was die kreative Schaffenskraft einer Person betrifft, ist dies unmöglich. Selbst nach jahrzehntelanger Forschung in diesem Bereich existiert kein Test, mit dem sich die kreative Leistung zu irgendeinem Zeitpunkt im Leben vorhersagen ließe, und es sieht nicht danach aus, dass es je einen solchen Test geben wird. Sämtliche »Kreativitätstests«, die ich in diesem Buch vorgestellt habe, der Ziegelstein-Test, der Wortassoziationstest RAT, Dunckers Kerzenproblem et cetera ermitteln jeweils nur einen Aspekt dessen, was man als kreatives Potential einer Person bezeichnen könnte. Der einzige Kreativitätstest, der diesen Namen wirklich verdient, ist das Leben selbst.[171]

Diese generelle Unvorhersagbarkeit rührt nicht zuletzt daher, dass es so etwas wie »die« Kreativität, die als feste Größe in uns schlummert, nicht gibt. Die Vorstellung »multipler Kreativitäten« – jeder Mensch verfügt über eine spezifische Form der schöpferischen Begabung, wie eine musikalische, malerische, technische, sprachliche, humoristische usw. – kommt der Realität schon deutlich näher, und doch trifft man damit noch nicht das Wesen der Sache.

Im Kern erweist sich Kreativität als etwas, das erst richtig zum Vorschein kommt, wenn wir die Tätigkeit finden, die zu der einmaligen Zusammensetzung von Anlagen, die wir mitbringen, passt. Erst wenn wir auf eine Sache stoßen, für die wir geschaffen sind, und uns in sie vertiefen, bekommt so etwas wie Kreativität eine Chance aufzublühen. Erst wenn wir unsere ganz eigene Nische gefunden und nachdem wir sie mühsam ausgestaltet und Jahre darin zugebracht haben, werden wir, wenn alles gutgeht, in die Lage versetzt, in diesem bestimmten Bereich auch das eine oder andere Neue von hohem Wert hervorzubringen.

Hans Zimmer ist ja nun zweifellos ein kreativer Kopf. Aber selbst er ist »lediglich« dann kreativ, wenn er in seinem Studio sitzt und Filmmusik machen darf (was er üblicherweise von vormittags 11 Uhr bis nachts um 3 oder 4 Uhr tut, sieben Tage die Woche[172]). Vor einer Leinwand mit einem Pinsel in der Hand wäre er ratlos. Müsste er zeichnen, singen oder tanzen, er würde, fürchte ich, keine gute Figur abgeben. Hans Zimmer gehört zu den erfolgreichsten Kreativarbeitern der Filmindustrie, einen Film aber könnte er nicht drehen, vor allem keinen, den man sich gerne ansieht. Hans Zimmers Kreativität offenbart sich dann, wenn er sich in seine hochspezifische Nische begibt. Nur in der Interaktion mit seinem speziellen Metier entwickelt sich seine schöpferische Energie.

Das auf ein ganz bestimmtes, individuelles Betätigungsfeld zugeschnittene Talent von Hans Zimmer geht so weit, dass er, der Musik lebt, Musik atmet und Musik träumt, sowohl mit klassischen Instrumenten als auch mit klassischen Noten nicht viel anfangen kann. Weder ist er ein virtuoser Pianist noch Gitarrist. Aber er hat ein Händchen für Computer. Auch seine Notenleseschwäche gilt bezeichnenderweise nur für die klassische Notation. Sobald man ihm Noten in »Computerform« (die sogenannte Notenrolle) vorlegt, erweist sich Zimmer als »überragend guter Leser«, wie mir einer seiner langjährigen Mitarbeiter versichert hat.[173] Erst und nur an der Schnittstelle von Computer und Musik, seiner Nische, blüht Hans Zimmer auf.

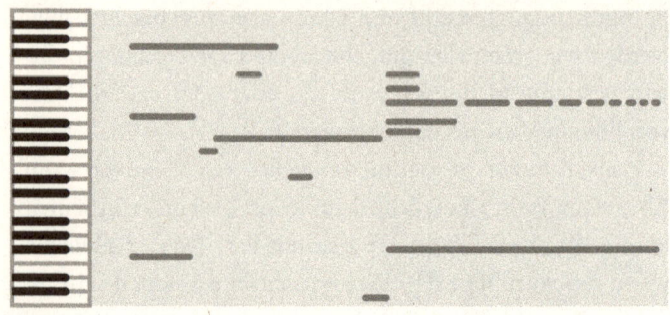

Das Grundprinzip der Notenrolle: Links sieht man senkrecht eine Tastatur wie bei einem Klavier, rechts daneben ist der Zeitverlauf aufgezeichnet. Die Linien zeigen, wann welche Note wie lange gespielt werden soll.

Vieles spricht dafür, dass dieses spezifische Nischenprinzip in mehr oder weniger ausgeprägtem Maße für uns alle gilt. Damit will ich nicht sagen, dass sich in jedem von uns ein Hans Zimmer verbirgt, sondern: Bevor wir auf unsere Nische gestoßen sind und uns mit jenem Metier auseinandergesetzt haben, das unseren individuellen Neigungen entspricht, können wir nicht wissen, was an kreativen Möglichkeiten in uns steckt. Wir kennen unser eigenes Ich, was das betrifft, nicht oder doch nur ansatzweise. Wir selbst nicht und auch niemand sonst kann sich ein zuverlässiges Urteil über unsere Kreativität bilden, *weil sie sich erst mit der Tätigkeit in der Nische entfaltet.* Im Extremfall mag es sogar sein, dass wir uns – wir oder andere –, bis wir unsere Nische entdeckt haben, für unfähig halten, für Nichtsnutze. Hans Zimmer ist da beileibe kein Einzelfall, es gibt dafür weitaus bekanntere Beispiele.

Vom Rebhuhnjäger zum revolutionären Wissenschaftler

Zu den historisch berühmtesten Fällen in dieser Beziehung gehört ein Mann, dessen Name jeder kennt. Der Grund dafür ist einfach: Die Einsichten, zu denen dieser Mann eines Tages gelangte, sind schlicht revolutionär. Sie haben unser Weltbild auf den Kopf gestellt, und mit den Konsequenzen haben noch heute viele ihre Schwierigkeiten. Weder als Kind jedoch noch als Jugendlicher noch als Student ließ dieser Mann erkennen, was einmal, nachdem er zu seiner Nische gefunden hatte, aus ihm werden würde. »Ich glaube, alle meine Lehrer und mein Vater hielten mich für einen höchst mittelmäßigen Jungen mit einem sogar unterdurchschnittlichen Verstand«, stellte er als 67-Jähriger in seiner Autobiographie mit einer gesunden Portion Understatement fest.[174]

Lange hatte er keine Ahnung, was er mit seinem Leben anstellen sollte. »Da in der Schule nichts aus mir wurde, handelte mein Vater klug, ließ mich früher als üblich abgehen und schickte mich […] zur Universität«, wo er, dem Bruder folgend, ein Medizinstudium aufnahm. Aber die Vorlesungen fand er »unerträglich langweilig«, und als er bei zwei Gelegenheiten Zeuge nicht eben zimperlicher chirurgischer Eingriffe wurde – die Narkose musste noch erfunden werden –, flüchtete er vorzeitig aus dem OP.

Der Vater, selbst ein erfolgreicher Arzt, verfolgte die Entwicklung seines Sohnes mit zunehmender Unzufriedenheit. »Mit Recht war er entschieden dagegen, dass ich mein Leben mit Jagen und Müßiggang vertat, wonach es damals ganz aussah.« Aber wo die Sorge groß ist, da wächst bekanntlich das Rettende auch. Neuer Vorschlag des Vaters: Der Sohn solle Pfarrer werden, und zu diesem Zweck wechselte der junge Mann die Universität.

Die Jahre vergingen, aber dass unser Pfarrer in spe nun endlich Feuer gefangen hätte, kann man nicht behaupten. Seine Begeisterung für die Rebhuhnjagd war zwar nach wie vor beträchtlich, jedoch in theologischer oder sagen wir gleich: in akademischer Hinsicht waren auch seine drei Studienjahre an der neuen Uni – wie jene zuvor und wie die Schulzeit, wie er schreibt – »vergeudete Zeit«. Er versuchte es mit Mathematik, kam »aber nur sehr langsam voran. Die Arbeit widerstrebte mir, vor allem deshalb, weil mir die Bedeutung der ersten Schritte in der Algebra nicht aufging«. Wie wäre es stattdessen mit Griechisch oder Latein? »In den altsprachlichen Fächern schrieb ich mich nur für ein paar Pflichtvorlesungen ein«, berichtet er, immerhin ein Anfang, man hegt Hoffnung, sieht Licht am Ende des Tunnels, doch die Ernüchterung folgt auf dem Fuß, denn »meist«, so setzt er den Satz fort, »blieb es bei der Einschreibung«.

Man möchte sich an den Kopf greifen! Fast ist man geneigt, Verständnis für die Verzweiflung des entnervten Vaters aufzubringen, wären dessen Worte nicht so grausam: »Außer Schießen, Hunden und Rattenfangen hast du nichts im Kopf«, maßregelte dieser seinen Sohn eines Tages, »du wirst noch zur Schande für dich selbst und deine ganze Familie.« Selbst der Vater, Robert Darwin – in den Augen des Sohns der größte Menschenkenner, den er je erlebt hatte, gesegnet mit einer einmaligen Beobachtungsgabe –, vermochte nicht zu erkennen, was in seinem Sohn Charles steckte.

Darwin, Charles Darwin, Erfinder der Evolutionstheorie, nicht eben der unbedeutendste Wissenschaftler der Weltgeschichte: Kann es sein, dass Darwin gar kein Genie war? Das ist natürlich eine Definitionssache. Wer allerdings die Lebensleistung als den letztlich aussagekräftigsten Kreativitätstest gelten lässt, kann nur zu einem Fazit gelangen: Wenn Darwin diesen Test nicht mit höchster Punktzahl bestanden hat, wer dann?

Darwins Werdegang offenbart nicht, dass er kein Genie war, sondern einmal mehr, dass hohe Kreativität, ja sogar »Genie« so lange ein weitgehend unerkanntes, unerkennbares Potential bleiben kann, bis jemand seine Nische entdeckt hat. Alle »Wunderkinder«, alle Mozarts und seinesgleichen zeichnen sich dadurch aus, dass sie durch glückliche Umstände extrem früh zu ihrer Nische gefunden haben.

Bei Darwin war es anders. Er machte diese Entdeckung erst über mehrere Umwege, nach längerer Suche und so mancherlei Ausprobieren. Darwins Erweckungserlebnis war, wie man weiß, seine Reise mit der *Beagle*. Während der knapp fünfjährigen Umsegelung der Welt fand er zu seiner Lebensaufgabe. Noch kurze Zeit bevor er an Deck ging, kam er zu folgender Einschätzung: »Damals hätte ich mich […] für verrückt gehalten, wenn ich den Anfang der Rebhuhnjagd zugunsten der Geologie oder sonst einer Wissenschaft versäumt hätte.« Es ist kaum zu glauben: Dies sind die Worte eines Mannes, der nur wenig später sein gesamtes Leben der Wissenschaft mit einer Ausschließlichkeit widmen würde, auf die er im Alter selbst nicht nur mit Stolz, sondern auch mit einer Spur von Reue zurückblickte: »Kürzlich habe ich versucht, Shakespeare zu lesen, und fand das so langweilig, dass mir übel wurde. Auch den Geschmack an Gemälden und Musik habe ich fast ganz verloren. […] Mir scheint, mein Geist ist eine Maschine geworden, wie gemacht dafür, allgemeine Gesetze knirschend aus großen Tatsachensammlungen auszumahlen«.

Die Entdeckung seiner Nische änderte alles. Fasziniert beobachtete Darwin die enorme Artenvielfalt um ihn herum, und er spürte, dass seine Bestimmung darin lag, dieses Geheimnis zu ergründen. Man erkennt den Hobbyrebhuhnjäger, Profimüßiggänger und Serienstudienabbrecher nicht wieder: »Energischer Fleiß und konzentrierte Aufmerksamkeit bei allen meinen Arbeiten wurden mir zur Gewohnheit. Alles, was ich im Kopf bewegte oder las, wurde in unmittelbare Beziehung zu dem gebracht, was ich gesehen hatte oder aller Wahrscheinlichkeit nach sehen würde; und diese Geisteseinstellung hielt ich die fünf Reisejahre lang durch. Ich habe das sichere Gefühl, dass ich alles, was ich in der Wissenschaft geleistet haben mag, dieser Schulung verdanke.«

Darwin kehrte von der Weltumsegelung zurück nach Hause, heiratete, zog aufs Land und widmete den Rest seines Lebens – unterbrochen nur von wiederholter Krankheit – der Ausarbeitung jener bahnbrechenden Theorie, die erstmals eine plausible Erklärung für die Vielfalt und Komplexität des Lebens auf Erden bot.

Woran erkenne ich, dass ich mein Ding gefunden habe?

Fürs Protokoll sei klargestellt: Nicht jeder ist ein Genie. Wer den Begriff inflationär verwendet, sieht sich früher oder später nur dazu gezwungen, auf immer neue Superlative zurückgreifen zu müssen (Darwin wird dann zum »Ausnahmegenie«, bis einige gekränkte Genies revoltieren und proklamieren, im Grunde sei jeder ein Ausnahmegenie, woraufhin Darwin zum »Jahrhundertgenie« wird usw.). Nicht jeder ist ein Genie, aber jeder hat seine individuellen Talente, und worauf es für die Entwicklung der eigenen Kreativität ankommt ist, wie bereits gesagt, jene Nische zu finden, in denen sich diese spezifischen Begabungen am besten entfalten können.

Nun ist das leichter gesagt als getan. Die eigenen Talente entwickeln, die eigene Nische finden – wie geht man da am besten vor? Es gibt keinen Musterweg. Der Weg zur Nische gleicht einem Labyrinth, und es gibt so viele Wege zur Nische, wie es Wege und Irrwege zum Ziel im Labyrinth gibt. Und wie im Labyrinth fühlt es sich bei der Nischensuche häufig gar nicht danach an, dass man sich überhaupt auf dem Weg zu irgendetwas befände, eher schon hat man den Eindruck eines chaotischen Umherirrens. Erst im Rückblick mögen uns manche Stationen als sinnvoll oder gar notwendig erscheinen, andere dagegen als Nebenwege, Abwege, vergeudete Zeit.

Die Nischensuche ist eben ein experimenteller Prozess,

ein Vorgang von Versuch und Irrtum. Man findet seine Nische nicht, indem man sich hinsetzt und theoretische Überlegungen anstellt. Die Nische lässt sich nicht herbeigrübeln. Meist wissen wir selbst nicht, wo sie sich versteckt, bis wir plötzlich mit beiden Beinen knietief drinstehen und spüren: *Das ist es*. Wir entdecken unser Ding beim Tun. Erst wenn wir uns mit unterschiedlichen Disziplinen beschäftigen, werden die von diesen Disziplinen geforderten Seiten in uns geweckt, Seiten, die uns oft selbst nicht bewusst sind. Probeweise spüren wir, was in uns liegt – und was nicht.

Weil die Nische also nicht vorbeigeflogen kommt und nur in den seltensten Fällen spontan an die Tür klopft, muss man tätig werden. Man muss offen sein für das Unbekannte und mit verschiedenen Berufsrichtungen experimentieren, sei es in der Freizeit, sei es »offiziell« als Hospitant, Praktikant, freier Mitarbeiter, Assistent …

Die Suche kann dauern. Manche benötigen Jahre oder Jahrzehnte und kommen erst allmählich dahinter, was ihnen wirklich liegt. Was sich auch positiv formulieren ließe: Es ist kaum je zu spät, um seine Nische zu finden. Nicht jede Begabung entfaltet sich früh, wie berühmte Spätzünder in der Geschichte der kreativen Geister beweisen. Raymond Chandler (1888 bis 1959) zum Beispiel fand »erst« im Alter von 45 Jahren zu seiner Nische.

Als Chandler von der Schule ging, träumte er zwar davon, Schriftsteller zu werden, nahm dann aber eine Büroarbeit beim britischen Marineministerium auf, einen Job, den er einige Monate später angewidert wieder fallenließ. Von da an begann eine regelrechte Job-Odyssee: Chandler schlug sich als Aushilfslehrer am College durch, publizierte das eine oder andere Gedicht und wurde schließlich Reporter einer Zeitung. Aber er war, wie er selbst meinte, »eine absolute Niete, der schlechteste Mann, den sie je hatten«, und schon bald wurde er gefeuert. Er zog nach Amerika, arbeitete auf einer Aprikosenplantage, dann in einem Sportartikelgeschäft, wo er für 12 Dollar und fünfzig Cents die Woche Tennisschläger bespannte. Irgendwie erfüllt ihn auch das nicht, und er wurde Buchhalter der Molkerei Los Angeles. Das gab er ebenfalls auf, und die Suche ging weiter. Er probiert es bei einer Bank, heuerte jedoch wenig später – das Schreiben lockte immer wieder – erneut bei einer Zeitung an. Chandler wechselte den Beruf noch zahlreiche Male, bis er sich, nachdem ihm als Vizechef einer Ölgesellschaft gekündigt wurde, als Schriftsteller ins Telefonbuch von Los Angeles eintragen ließ, obwohl er noch kein einziges Buch geschrieben hatte.

Entschlossen fing er an, für Groschenhefte Detektivgeschichten zu verfassen. In einem jahrelangen Prozess brachte Chandler sich das Handwerk des Schreibens Schritt für Schritt selbst bei, unter anderem indem er vorhandene Geschichten nachzuschreiben versuchte. So las er eine Geschichte, machte davon eine Zusammenfassung und schrieb die Geschichte dann ausgehend von der Zusammenfassung neu. Anschließend verglich er das Ergebnis mit dem Original, »setzte mich wieder hin, schrieb sie noch weiter um und so weiter«. Wie Chandlers Biograph urteilt: »Mit jedem Jahr wurde er handwerklich genauer und stilistisch lebendiger.«

Nachdem er fünf Jahre Kurzgeschichten für Groschenhefte geschrieben hatte, begann er, nunmehr 50-jährig, seinen ersten Roman. »Als ich anfing, Romane zu schreiben«, schrieb Chandler später, »hatte ich den großen Nachteil, absolut kein Talent dafür zu haben«. So lautete die bescheidene

Selbsteinschätzung eines Schriftstellers, der stilistisch einmalige Krimis schrieb, die bis heute gelesen werden.[175]

Man muss Berufe anprobieren, wie man Klamotten anprobiert, um herauszufinden, ob sie einem stehen, und die gute Nachricht lautet: Grundsätzlich waren die Zeiten dafür wohl nie so günstig wie gegenwärtig. Einst hatte, wer nicht aus der richtigen Familie stammte, kaum eine Chance, das eigene Potential zu verwirklichen. Man trat zwangsläufig in die Fußstapfen der Eltern, egal, ob die einem passten oder nicht.

Heute verhält es sich nicht nur anders, offener, freier – teils ist die Problematik gleichsam ins Gegenteil umgeschlagen: Wir sehen uns mit einem ausufernden Überangebot von Möglichkeiten, von Studiengängen und Berufsoptionen konfrontiert, und es liegt in hohem Maße an uns, ob wir die Chance ergreifen und von der Angebotsfülle Gebrauch machen. Unter diesen Umständen fällt es auch bei großem persönlichen Engagement nicht immer leicht, zu erkennen, wofür man sich entscheiden sollte: Was liegt mir wirklich? Wie stelle ich fest, welche der unzähligen Nischen da draußen die richtige für mich ist?

Dazu erstens: Die meisten Interessen und Aktivitäten, viele Hobbys und Studien, denen wir anfangs enthusiastisch nachgehen, verlaufen von selbst im Sande. Der Zauber, der dem Anfang innewohnt, verfliegt. Wer sich bei diesem Suchprozess beobachtet, wird hoffentlich feststellen, dass es einen – obwohl man sich gerade vorgenommen hat, Unterschiedliches auszuprobieren – wiederholt zu bestimmten Tätigkeitsfeldern hinzieht, so wie es Chandler immer wieder zum Schreiben zog. Irgendwann konstatiert man, dass es Bereiche gibt, in denen der Zauber bleibt: Das ist ein erstes Zeichen dafür, dass man seiner Nische näher kommt.

Ein zweites Zeichen sind regelmäßige »Flow«-Erlebnisse. Wer in seiner Nische tätig ist, vergisst oft die Zeit, er vergisst sich selbst. Es ist, als würde man eins werden mit der Tätigkeit. Man gerät phasenweise in eine Art Trance. Die Sache, die man ausübt, fühlt sich häufig mehr nach Spiel denn nach Arbeit an. Was nicht heißt, dass wir die Aktivität mit links erledigen würden, nein: Flow stellt sich ein, wenn wir etwas tun, das nicht so einfach ist, dass wir uns langweilen, und nicht so schwierig, dass wir überhaupt nicht in einen Arbeitsfluss hineinfinden. Im Flow werden unsere Fähigkeiten weder maßlos überfordert noch beleidigt – sie werden ernst genommen. Wir müssen uns Mühe geben und merken doch zugleich, dass wir Fortschritte machen. Dass uns die Sache irgendwie liegt.

Ein drittes Zeichen entspringt unserer Umwelt, unseren Mitmenschen. Wer seine Nische gefunden hat, bekommt das üblicherweise auch von seiner Umgebung zu spüren, vom Lehrer, Mentor, von den Ausbildern, den Kollegen: Wir erfahren eine Form der Anerkennung, wie wir sie sonst noch nicht erfahren haben. Man ist unter seinesgleichen. Plötzlich stellt man erleichtert fest, dass man mit seinen Neigungen nicht alleine ist. Wer sich bisher als Fisch vorkam, der Bäume erklettern sollte, sieht sich auf einmal von lauter Fischen (im Wasser) umgeben.

Nicht selten erlebt man dieses Zugehörigkeitsgefühl und diese Anerkennung schon, wenn man noch ein blutiger Anfänger ist. Auch wenn man noch nicht die Leistung bringt, die man eines Tages bringen wird – gerade die erfahreneren Kollegen vom Fach haben meist einen ganz guten Riecher dafür, ob jemand für eine Sache brennt und dafür geeignet ist oder nicht. Und viele reagieren auf jemanden, der tickt wie sie, der sich für die gleiche Sache begeistert wie sie, ihrerseits mit Begeisterung.

Manchmal heißt es: Hör auf dein Herz – es weiß schon, was richtig für dich ist. Das mag nicht völlig falsch sein, und doch ist es leider nicht ganz so simpel. Das Herz ist bekanntermaßen ein Träumer, der sich mit seinen Träumereien auch gewaltig irren kann. Wie viele Teenager träumen davon, ein Superstar zu werden, der von allen angehimmelt wird? Ihr Herz ruft ihnen zu, dass sie das Zeug zum großen Sänger, Fußballer, Topmodel, Rockmusiker, Filmstar oder Universalentertainer haben.

Um dieser Naivität des Herzens nicht blind auf den Leim zu gehen, erscheint es mir als Faustregel ratsam, in erster Linie – statt dem Herzen – den Fähigkeiten, die einem gegeben sind, zu folgen. Man muss einen nüchternen Blick auf die eigenen Anlagen werfen und sich die Frage vorlegen: Was kann ich (und was nicht)? Wofür habe ich ein Händchen? Die eigenen Begabungen sind die zuverlässigste Richtschnur, an der man sich bei der Nischensuche orientieren kann.

Begabungen sind täuschungsresistenter als Ideale. Sie können uns nicht so leicht in die Irre führen. Wahrscheinlich kennt jeder den einen oder anderen Freund oder ein Familienmitglied, das sich etwas in den Kopf gesetzt hat, was ihm oder ihr nicht wirklich liegt – das ist zumindest allen Nahestehenden offensichtlich, und auf einer gewissen Ebene weiß es vielleicht auch der Betroffene selbst. Diese Menschen rennen einem Phantasiegespinst hinterher, das sie von sich selbst entfernt. Sie beißen sich die Zähne aus in dem Versuch, etwas zu werden, was sie nicht sind.

Umgekehrt gehen wir häufig mit hochmütiger Herablassung über unsere eigentlichen Begabungen hinweg. Das, was uns liegt, ist in unseren Augen nur wenig wert. Es ist zu einfach, als dass es Bewunderung oder auch nur Respekt in uns, geschweige denn bei anderen hervorrufen könnte. Etwas, das uns »zufliegt«, das, meinen wir, muss ja wohl billig sein, so wie Gehen und Sprechen uns billig und alltäglich vorkommt. Wir realisieren nicht, dass wir eine Veranlagung für die Tätigkeit mitbringen, so wie jeder fürs Gehen und Sprechen eine Veranlagung mitbringt, nur dass wir in diesem Fall mit unserem Talent den meisten anderen voraus sind. (Die Beispiele offenbaren zugleich, dass sich Talent und Training nicht gegenseitig ausschließen, sondern vielmehr aufeinander angewiesen sind: Wir alle haben eine natürliche Begabung zum Spracherwerb, es gibt eigens Hirnareale, die praktisch nur darauf warten, endlich sprechen zu lernen – trotzdem bedarf es jahrelanger intensiver Übung, bis wir unsere Muttersprache beherrschen.)

Etwas Eigenes zu entdecken, erfinden oder erzeugen gehört zu den schwierigsten Herausforderungen, die es gibt. Der Weg dorthin ist so lang und so steinig, dass man jeden Vorsprung und jeden Rückenwind gut gebrauchen kann. Daraus ergibt sich ein klarer Rat: Folgen Sie, zumindest in dieser Hinsicht, dem Weg des geringsten Widerstands. Anstrengend wird es dann, auf diese Konstante ist Verlass, immer noch.

Jeder von uns hat Ideale und Träume, die manchmal, aber längst nicht immer auf einer Linie mit unseren wahren Neigungen und Fähigkeiten liegen. Ideale, die uns zurufen: Wenn du dies oder jenes machst, *dann* wird man – die Eltern, die Gesellschaft, der Partner – dich lieben. Dann bist du wirklich wertvoll tätig. Solche Ideale können uns, wenn sie allzu sehr von unseren Talenten abweichen, auf verhängnisvolle Weise von demjenigen wegführen, der wir im Innersten sind. Es ist, als würden wir vor lauter Mitmenschenlärm unsere eigene Stimme nicht mehr vernehmen. Wir verlieren das Gehör für uns selbst.

Den eigenen Begabungen nachzugehen und sie schätzen zu lernen, ist somit am Ende auch eine Form der Selbstakzeptanz: Man lernt den Menschen, der man ist, mehr zu akzeptieren und schätzen als denjenigen, der man meint sein zu sollen. Menschen, die ihre Nische gefunden haben, beschreiben ihre Arbeit nicht umsonst unisono als jene Aktivität, bei der sie das Gefühl haben, ganz »bei sich« zu sein.[176] Der erste Schritt zu einem kreativen Leben besteht darin, eine Tätigkeit zu finden, bei der man möglichst man selbst sein kann, ohne sich etwas vormachen oder sich verrenken zu müssen.

Schnittstellen sind Hotspots für das Neue

Neben dieser ersten und wichtigsten Voraussetzung für die kreative Entfaltung gibt es noch viele spezielle Aspekte, die bei der Suche nach der Nische eine Rolle spielen, die man berücksichtigen sollte oder die zumindest hilfreich sein können. Ein solcher Aspekt lautet: Gerade in puncto Kreativität befinden sich die ergiebigsten Nischen häufig an den Schnittstellen zwischen den etablierten Disziplinen.

Um es an einem Beispiel zu erläutern: Ein Physiker oder Chemiker hat es, selbst wenn er sehr talentiert ist, nicht zuletzt deshalb so schwer, der Welt der Physik oder Chemie noch etwas Bedeutendes hinzuzufügen, weil die Konkurrenz – die historische, die gegenwärtige – so immens groß ist. Vor allem in den vielversprechenden Bereichen des Fachs ist er von zahlreichen begabten Kollegen umgeben, die sich mit ihm in einem gnadenlosen Entdeckungswettlauf befinden. Was aber wäre, wenn unser Physiker, zusätzlich zur Physik, ein Spielfeld für sich entdeckte, das die Kollegen noch nicht entdeckt haben, wenigstens nicht in einem Zusammenhang mit ihrem Beruf, wie etwa die Küche? Was wäre, wenn unser Physiker ein leidenschaftlicher Koch wäre und einen Weg fände, beide Welten zu vereinen?

Physik in der Küche – das klingt im ersten Moment nach einer seltenen, abwegigen Liaison. Dass man hier auf nicht allzu viel Wettbewerb stößt, verwundert wenig. Die Einsamkeit erscheint redlich verdient: Die Sache mutet ja wohl reichlich exotisch, um nicht zu sagen absurd an.

Richtig an diesem ersten Eindruck ist, dass viele ungewöhnliche Kombinationen zwar zu Neuem führen können. Nahezu immer jedoch erweisen sich diese Schöpfungen, so einmalig und originell sie auch ausfallen mögen, als weitgehend wertlos. Die überwiegende Mehrzahl aller gewagten Kombinationen ist ebenso originell wie unbrauchbar. Es hat nicht von ungefähr seinen Grund, weshalb es einigermaßen klar umrissene Fachgebiete gibt. Sich außerhalb dieser bewährten Zonen zu bewegen, ist riskant.

In diesem Fall jedoch ging das Wagnis gut aus, und aus der weithergeholten Zusammenführung von Labortechniken und Kochkunst entstand etwas Neues, an dem inzwischen so mancher von uns Geschmack gefunden hat: die Molekularküche. In flüssigem Stickstoff geeiste Fruchtpralinen, mit einem Laser aromatisierter Rotwein, Tomatenbouillon-Gelkapseln mit frittiertem Basilikum: Das sind mehr oder weniger genießbare Kreationen, die bis dahin weder die Welt der Physik noch die der Küche gesehen hatte.

Der Apple-Gründer Steve Jobs sagte: »Kreativität heißt bloß, Dinge zu verbinden.«[177] Mag sein, dass dies nicht immer und nicht auf jede Form kreativer Tätigkeit zutrifft, aber ist es nicht in der Tat auffallend, dass einige der erfolgreichsten Innovatoren zu dem wurden, was sie sind, indem sie (mindestens) zwei Welten zusammenführten, die zuvor nicht oder nur selten miteinander in Berührung gekommen waren?

Nehmen wir als Beispiel die Erfindung von Facebook. Wer sich den Kinofilm *The Social Network* ansieht, der wird bereits in den ersten Minuten mit dem Klischee des Computerfreaks konfrontiert, der zwar mühelos programmieren kann, sich aber als recht begriffsstutzig erweist, sobald es um die Entzifferung zwischenmenschlicher Algorithmen geht. Zuckerbergs soziale Fähigkeiten gleichen denen eines durchschnittlichen Roboters. Am Ende des Films beschleicht einen der Verdacht, Zuckerberg habe Facebook nicht zuletzt deshalb erfunden, weil er kaum zu einem normalen, direkten Austausch mit anderen Menschen fähig ist: Mit Facebook schafft er sich jenes maßgeschneiderte Medium, das es selbst ihm ermöglicht mit anderen in Kontakt zu treten und zu kommunizieren.

Der Film vermittelt damit ein vollkommen falsches Bild vom Facebook-Erfinder. Ironischerweise verhält es sich in der Realität umgekehrt. Der echte Mark Zuckerberg ist – wie sowohl Freunde als auch Kollegen bestätigen[178] – ein geradezu geselliger Typ, der gern Menschen um sich hat. Niemand charakterisiert ihn als Einsiedler. In der Facebook-

Zentrale im kalifornischen Palo Alto sitzt Zuckerberg nicht, wie die meisten Chefs von Unternehmen dieser und auch weitaus geringerer Größenordnung, in einem von allen Mitarbeitern abgekapselten und von einem Vorzimmerdrachen abgeschirmten Einzelbunker. Nein, er sitzt mitten im Großraumbüro, zwischen allen andern Mitarbeitern.

Wichtiger noch, Mark Zuckerberg hatte von früh an in seinem Leben nicht nur ein ausgeprägtes Interesse an Computerprogrammen, sondern auch daran, wie Menschen ticken. Seine Mutter Karen, eine Psychiaterin, führt die zwischenmenschliche Sensibilität ihres Sohnes darauf zurück, dass er mit drei Schwestern aufwuchs. »Meine Hauptfächer im College waren Psychologie und Computerwissenschaften«, hat Zuckerberg einmal gesagt, ja mehr als einmal: »Ich sage das ziemlich oft, und viele Leute verstehen es nicht. Es ist doch klar, dass ich ein Computermensch bin! Aber ich war immer daran interessiert, wie sich die beiden Sachen kombinieren lassen.«[179] Es gibt jede Menge brillanter Programmierer, ebenso wie es jede Menge Zeitgenossen gibt, die ein Gespür für die menschliche Psyche haben. Mark Zuckerberg vereint beide Neigungen in einer Person, und das ist wohl mit ein ausschlaggebender Grund dafür, weshalb er es war, der Facebook erfand.

Ähnlich verhält es sich mit Steve Jobs selbst. Jobs brachte Computer erstmals mit etwas in Berührung, was den Geräten bis dahin weitgehend unbekannt war: Ästhetik. Er verwandelte die einst klobigen, kalten Ungetüme, die nur das Herz eines eingefleischten Nerds höher schlagen ließen, in elektronische Designerstücke, die man gerne ansieht, anfasst, mit sich trägt, die man in seiner Nähe haben will, wohin man auch geht.

Steve Jobs war eben nicht nur ein Technikfanatiker. Schon als junger Student hatte er sich zu Kunst und Design hingezogen gefühlt (während des Studiums, das er, wie Zuckerberg, vorzeitig abbrach, fesselte ihn vor allem ein Kalligraphiekurs).[180] Dem gängigen Klischee zufolge sind die meisten Künstler technophob, richtige Computerfreaks dagegen sind ästhetisch blind. Was Steve Jobs auszeichnete, war, dass er zwei Bereiche, die wenig Berührungspunkte hatten, zusammenfügte: Er vereinte zwei Welten und schuf so Neues. Steve Jobs war weder ein begnadeter Ingenieur oder Programmierer, noch war er der geborene Künstler: Es war die Kombination seiner Fähigkeiten und Eigenschaften, die ihn originell und schöpferisch machte.

Diese Tatsache, dass auch und gerade eine einmalige Kombination von Interessen und Begabungen ein hohes kreatives Potential in sich birgt, hat, wie ich finde, etwas sehr Ermutigendes. Nicht jeder von uns kommt als Mathe- oder Musikgenie oder als Computerfreak zur Welt. Nicht jeder ist mit *einem* stark ausgeprägten Talent ausgestattet, das in eine klare Richtung weist und einen bereits in jungen Jahren fast wie am Schnürchen zu seiner Nische führt. Die allermeisten von uns sehen sich vielmehr mit einem Mix von Anlagen, die in unterschiedliche Richtungen weisen, konfrontiert. Das bedeutet zunächst, dass wir länger brauchen werden, um unsere Nische zu finden. Nur, am Ende kann sich die einzigartige Mischung auch als Vorteil herausstellen, weil wir womöglich just auf diese Weise in ein Gebiet vorstoßen, das noch nicht ganz abgegrast ist.

Nehmen wir an, Sie legen bereits als Jugendlicher ein beeindruckendes Unterhaltungstalent an den Tag. Sie haben einen gut entwickelten Sinn für Humor, und wenn Sie anfangen, Witze zu reißen, ziehen Sie regelmäßig Ihre Mitmenschen in Ihren Bann. Sagen wir also, Sie haben das Zeug zum Komiker.

Sie haben Mumm und versuchen, in der Welt der Standup-Comedy oder des Kabaretts Fuß zu fassen. Aber Moment mal, da war doch was … Richtig, ja, fast hätten wir es vergessen: Von nun an dürfen Sie Hape Kerkeling, Michael Mittermeier, Bruno Jonas & Co. zu Ihren Kollegen im weitesten Sinne zählen. Wie soll man sich in dieser Gesellschaft einen Namen machen, wie sich profilieren? Indem man *noch witziger* wird? Wie viel leichter hätten Sie es (relativ leichter), wenn Sie Ihre kabarettistischen Versuche mit etwas »Exotischem« kombinieren könnten, etwas, das Ihnen ebenfalls liegt, auch wenn es zunächst nichts mit Kabarett zu tun hat. Wie wäre es mit – ich nenne einfach mal was – Medizin oder Physik? Die Aufgabe, vor der Sie stünden, wäre nach wie vor genügend anspruchsvoll, immerhin aber wären Sie nun weitgehend konkurrenzlos.

Das heißt, inzwischen wären Sie es nicht mehr ganz, weil Eckart von Hirschhausen sowie dessen langjähriger Freund und Kollege Vince Ebert genau diese Strategie der gewagten Kombination verfolgen und erfolgreich umgesetzt haben.

Wohlgemerkt: Man *kann* hochgradig kreativ sein, indem man sich nur einem Fachgebiet hingibt, nur linearer Algebra, nur Sozialpsychologie, nur objektorientierter Programmierung. Im Großen und Ganzen aber erhöht man seine Chancen, wenn man auf eine originelle Kombination setzt: auf Musik *und* Computer *und* Film, auf Technik *und* Design, Programmieren *und* Psychologie. Eine nützliche Frage bei der Suche nach der eigenen Nische lautet somit: Worin besteht mein kreatives Und?

In der Nische wirst du, wer du bist

Wer nach längerer Suche das Glück hat, auf seine Nische zu treffen, und es wagt, sich ihr hinzugeben, für den ändert sich häufig alles. Damit meine ich nicht, dass man sich, sobald man sein Ding gefunden hat, zurücklehnen könnte, um die Ernte seiner außergewöhnlichen Fähigkeiten auf dem betreffenden Feld einzufahren. In gewisser Weise verhält es sich umgekehrt: Erst das Entdecken der Nische setzt jene Kräfte frei, die nötig sind, um den hürdenreichen Prozess durchzustehen, der die Voraussetzung für jede schöpferische Tätigkeit ist. Kreativität ist nun mal nicht eben zwischendurch, als Pausensnack zu haben, auch wenn manche sich das so wünschen oder einbilden mögen.

Hier kommt die Nische ins Spiel. Wer seine Nische entdeckt hat, erkennt in der Regel von selbst, wie lang die Strecke noch ist, die vor ihm liegt, um die Kluft zwischen ihm und den Könnern der Disziplin zu überwinden. Er spürt, wie weit er noch von seinem Ziel entfernt ist. Das Gute jedoch ist, dass es jetzt überhaupt ein Ziel gibt: Die Bemühungen, die man von diesem Moment an unternimmt, haben eine Richtung bekommen, man weiß, wohin man will, und sei es nur ungefähr. Das, was man tut, ist kein Umherirren mehr. Die eigenen Versuche und Fehlversuche erscheinen einem als sinn- und bedeutungsvoll.

Das Thema Lernen ist dafür ein wichtiges Beispiel. Wie viele Menschen behaupten steif und fest, sie würden nicht gerne lernen? Alles, bloß das nicht! Wenn mir aber das Lernen verhasst ist, wie soll ich es da zur Könnerschaft bringen? 10 000 Übungsstunden an den Grenzen der eigenen Fähigkeiten, alter Schwede! Muss das sein? Geht es nicht eine Nummer kleiner, schneller, bescheidener, bequemer? Schon allein die Vorstellung, solche Strapazen ertragen zu müssen, ermüdet und entmutigt doch …

Nun gibt es zwar sicher charakterliche Unterschiede, was die allgemeine Lernlust betrifft. Aber selbst Lern- und Übungsbereitschaft, selbst so etwas wie Durchhaltevermögen und Hartnäckigkeit – allesamt zweifellos brauchbare Zutaten für hohe Kreativität –, sind in beträchtlichem Maße *nischenabhängig*. Es sind nicht nur jene stabilen, unveränderlichen Charaktereigenschaften, für die wir sie gewöhnlich halten, es handelt sich vielmehr um Verhaltenseinstellungen und -weisen, die in Verbindung mit der Nische, in die wir uns begeben, variieren.

Wer als Fisch oder Elefant Bäume erklettern soll, der verfolgt eine Sisyphusaufgabe. Wie sehr er sich auch plagt und abrackert, er macht keine Fortschritte. Sogar ein 10 000-Stunden-Intensivtraining wird ihn oder sie nicht großartig weiterbringen. Die ganze Übung, jegliches Lernen in dieser Hinsicht kommt einem als nutzlose Qual vor, was sie in diesem Fall vermutlich auch ist.

Das ändert sich oft nachhaltig, wenn man seine Nische gefunden hat. In unserer Nische machen wir die Erfahrung, dass Üben und Lernen etwas bewirken. Wir werden in dem, wofür wir ohnehin ein Händchen haben, noch besser. Aus dem Händchen wird eine immer größere Handfertigkeit. Die Fortschritte ermutigen, beflügeln. Lernen erscheint allmählich in einem anderen Licht. Der Prozess setzt, statt nur Energien zu fressen und uns auszulaugen, Energien frei und spornt zu noch mehr Einsatz an. Im Idealfall geraten wir so in eine Dynamik, die sich selbst verstärkt. Wir engagieren uns in einem Maße, wie wir uns früher nicht engagiert haben, und dieses Engagement bleibt auch anderen nicht verborgen. Man wird auf uns aufmerksam, was Chancen eröffnet, die uns weiterbringen, was zu neuen Chancen führt …

Das Entdecken der Nische ist nicht zuletzt deshalb so kritisch für die kreative Entwicklung, weil Kreativität auf ein Zusammentreffen zahlreicher »Zutaten« angewiesen ist, wie ritualisiertes Arbeiten, beständiges Dranbleiben, die Fähigkeit, mit Frustrationen und den zwangsläufigen Fehlschlägen fertig zu werden, Engagement, Chancen, die sich auftun müssen usw. Jeder einzelne dieser Faktoren stellt, was die praktische Realisierung betrifft, schon für sich eine enorme Herausforderung dar. Diese »Zutaten« über Jahre hinweg bewusst, strategisch zu verfolgen, wäre eine absolute Überforderung. Genau das ist es, was die richtige Nische für uns tut: Sobald wir auf sie treffen, kommen die Zutaten der Kreativität noch am ehesten auf »natürliche« Weise zusammen. Wir mögen sie nicht gezielt anstreben, sie ergeben sich aber nach und nach, indem wir uns unserer Sache hingeben.

Anders formuliert: Man wird nicht notwendigerweise kreativ, indem man sich vornimmt, kreativ zu werden. Strategisch klüger ist es, seine Nische aufzuspüren, was in der Folge zu hoher Kreativität führen kann. In dem Zusammenhang sollte man auch die häufig gestellte Frage betrachten, welche Persönlichkeitseigenschaften für hochkreative Menschen »typisch« sind – ein Thema, zu dem es zahlreiche Studien und Abhandlungen gibt.[181] Egal, wie diese Eigenschaften im Einzelnen aussehen mögen (Offenheit, Hartnäckigkeit, Selbstsicherheit usw.) – häufig schwingt bei diesen

Studien oder den Berichten darüber die unausgesprochene und manchmal auch offen ausgesprochene Botschaft an den Leser mit: Wenn du diese Eigenschaften annimmst, wirst du womöglich auch in schöpferischer Hinsicht den untersuchten Genies ähnlicher werden.

Ich halte diese Strategie für nicht ganz ausgereift. Mir scheint, man erreicht sein Ziel in diesem Fall eher, indem man sich ihm weniger direkt nähert, nicht über die wohlverriegelte Vordertür, sondern seitlich über den Garten, wo noch ein vergessenes Fenster offen steht. Jeder weiß, wie schwer es ist, sich willentlich gewisse Charakterzüge zu eigen zu machen und dafür andere, störende, abzuschütteln. Woher zum Beispiel sollte ich meine Selbstsicherheit plötzlich nehmen? Worauf sollte diese Selbstsicherheit beruhen? Sagen wir, ich bin ein »Fisch« in unserem sprichwörtlichen Sinne – wie sinnvoll ist da die Botschaft, ich möge doch in Zukunft beim Bäumeklettern hartnäckiger vorgehen?

Was dagegen in der Nische passiert, ist etwas anderes, Indirekteres und gerade dadurch Wirksameres: Viele dieser kreativitätsfördernden »Eigenschaften« (Selbstvertrauen, Beharrungsvermögen usw.) stellen sich nun zwar nicht von ganz alleine – im Sinne von: ohne jegliche Anstrengung unsererseits –, aber doch auf eine weniger künstlich-verkrampfte Art ein. Sie gehören, wenn man so will, zu den erwünschten Nebenwirkungen, mit denen man rechnen darf, sobald man sich auf seine Begabung einlässt und anfängt, sie zu leben. Wird die Arbeit in der Nische zum Dauerspaß? Das lässt sich leider nicht behaupten, nein. Bleibt Übung nach wie vor häufig ein Kampf gegen sich selber? Na sicher doch. Aber während man früher lieber Rebhühner jagen ging, zieht man sich jetzt trotzdem ins Arbeitszimmer zurück, und zwar nicht, weil man erfahren hat, dass Disziplin und Durchhaltevermögen zum typischen Repertoire der Kreativen gehören, sondern weil das kreative Projekt dem Leben mehr Bedeutung gibt, als es die Jagd von Rebhühnern je könnte. Das Lernen, das Üben und die Hartnäckigkeit selbst haben Bedeutung bekommen.

Im besten Falle entfaltet diese Dynamik eine Kraft, die uns mit den Jahren an die Grenzen dessen führt, was wir sein können. Sie öffnet Seiten in uns, von denen wir mitunter selber überrascht sind. Selten strahlt ein Mensch mehr, und kaum je ist er mehr er selbst, als in jenen Zeiten, in denen er sein Ding gefunden hat. Er blüht auf und holt das aus sich heraus, was in seinem Innersten an Möglichkeiten verborgen liegt. Wenn dieses Buch dazu beitragen sollte, dass der eine oder die andere zu dieser magischen Dynamik findet, hätte es seinen Zweck mehr als erfüllt.

Anmerkungen

1 Mehr dazu in meinem Buch über Intuition: Kast (2007)

2 Besser gesagt, wie Leonardo DiCaprios naive Begleitfigur, die Architekturstudentin Ariadne.

3 Manche verwenden Schemata und Frames auch als Synonyme und treffen nicht die Unterscheidung, wie ich sie hier vornehme.

4 Zum Wort »Kreativitätstest«: Es gibt keinen Test, der unsere Kreativität als solche messen könnte. Die meisten Kreativitätstests erfassen vor allem Denkprozesse, die für kreative Durchbrüche als besonders hilfreich erachtet werden. Oft, wenn auch nicht immer, messen sie das, was man als divergentes (in verschiedene Richtungen laufendes) Denken bezeichnet. Divergentes Denken wird zwar von vielen Forschern mit kreativem Denken gleichgesetzt, damit aber wird man der Sache meines Erachtens nicht ganz gerecht, da man ja auch auf andere Wege zu kreativen Durchbrüchen gelangen kann, zum Beispiel durch eher konventionelles, logisches Denken.

5 Ritter et al. (2012)

6 http://de.wikipedia.org/wiki/Kreativit%C3%A4t (Stand: August 2014)

7 Meine Frau arbeitete während der Entstehung dieses Kapitels in Utrecht.

8 Ritter et al. (2012)

9 Genau genommen, nehmen sie die Befunde vorweg, da diese Untersuchungen kurz vor Ritters Experimenten stattfanden, siehe Proulx & Heine (2009).

10 http://de.wikipedia.org/wiki/Ein_Landarzt

11 Proulx & Heine (2009)

12 Proulx et al. (2010)

13 Die Apfel-Geschichte ist wahrscheinlich nicht eine bloße Legende, jedenfalls hat Newton selbst die Geschichte so erzählt (auch

wenn ihm der Apfel nicht auf den Kopf fiel), siehe dazu z. B. Martínez (2011)

14   Schnall (1999)

15   Fleck & Weisberg (2004)

16   Fleck & Weisberg (2004), Maddux & Galinsky (2009), Gino & Wiltermuth (2014). Es gibt natürlich nicht nur eine einzige Lösung für das Kerzenproblem, auch wenn die mit der Schachtel zu den eleganteren gehört.

17   Maddux & Galinsky (2009), siehe auch Tadmor et al. (2012)

18   Fee & Gray (2012)

19   Hier findet man einen schönen Vortrag von Lera Boroditsky zum Thema: http://fora.tv/2010/10/26/Lera_Boroditsky_How_Language_Shapes_Thought

20   Boroditsky et al. (2003)

21   Segel & Boroditsky (2011), siehe auch Brockman (2010)

22   Je stärker bei einem mehrsprachigen Menschen eine Sprache dominiert, als desto größer erweist sich, wie zu erwarten, der Einfluss dieser Sprache auf dessen Denken, wie mir Lera Boroditsky mitgeteilt hat (E-Mail vom 1. März 2013). Ein Dreisprachiger (Deutsch, Englisch, Spanisch), der besser Deutsch als Spanisch spricht, ähnelt in seinen Assoziationen eher einer deutsch-englischsprachigen Testperson, und umgekehrt: ist Spanisch dominant, werden die Assoziationen von dieser Sprache bestimmt. Bei Menschen, die Deutsch und Spanisch gleich gut sprechen, fallen die Assoziationen irgendwo zwischen diese beiden Gruppen.

23   Von allen Gruppen sogar am besten, siehe Cushen & Wiley (2011)

24   Cushen & Wiley (2011)

25   Im Fachjargon spricht man von besser ausgeprägten »Exekutivfunktionen«. Das klassische Verfahren, die Exekutivfunktionen des Gehirns zu prüfen, ist der so genannte Stroop-Test. Zeigt man uns geometrische Figuren, wie ein Viereck in roter oder grüner Farbe, und wir müssen die Farbe benennen, ist das natürlich für jedermann eine denkbar einfache Sache. Ebenso leicht fällt uns die Aufgabe, wenn wir, statt ein Viereck, das Wort »grün« präsentiert bekommen, gedruckt in grüner Farbe. Wenn

man uns nun aber ab und zu das Wort »grün« in roter Farbe darbietet (oder das Wort »rot« in grüner Farbe), und wir sollen nach wie vor die Farbe benennen, sind wir verwirrt: Das Gehirn hat die Neigung, das Wort herauszuposaunen, wir aber müssen das Wort ignorieren, die Reaktion unseres Gehirns unterdrücken und die Aufmerksamkeit aktiv auf die Farbe richten. Die Folge: Es kommt zu Fehlern, und wir brauchen länger für unsere Antwort. Untersuchungen zeigen, dass Zweisprachige Tests wie diese besser meistern. Für ein umfassendes Review zum Thema Zweisprachigkeit und Kognition siehe Bialystok et al. (2009).

26   Burt (2004), siehe auch http://www.nytimes.com/2004/05/22/arts/think-tank-where-to-get-a-good-idea-steal-it-outside-your-group.html

27   Burt (2004)

28   Domingue et al. (2014)

29   Christakis & Fowler (im Druck)

30   Ingram & Morris (2007)

31   Bahns et al. (2012), zu einem ähnlichen Befund kommen Cheng & Xie (2013).

32   Bahns et al. (2012)

33   Ich habe u. a. bei Walter Bongartz in Konstanz studiert, einst Präsident der Deutschen Gesellschaft für Hypnose.

34   Normalerweise misst man auch die Originalität des Einfalls: Nennen viele Leute diese Idee oder ist man der Einzige? Mit einem Ziegelstein eine Mauer bauen – auf diese Idee kommt praktisch jeder. Je seltener dagegen der Einfall, desto mehr Punkte. Für die Bewertung der Originalität braucht man den Vergleich mit anderen Personen, und da ich gerade die einzige Testperson bin, fällt diese Bewertung bei mir weg.

35   Colzato et al. (2012)

36   Siehe z. B. Ding et al. (2014)

37   http://de.wikiquote.org/wiki/Thomas_Alva_Edison

38   Hier können Sie den Versuch online selbst mitmachen: http://www.theinvisiblegorilla.com/videos.html

39   Je nach Version, in der gekürzten zum Beispiel (erstes Video beim obigen Link) sind es nur 15 Mal.

40 Chabris & Simons (2011)

41 Memmert (2006)

42 Macknik & Martinez-Conde (2011)

43 Simons & Chabris (1999)

44 Die Lösung lautet 2. Entscheidend sind nicht die Zahlen als solche, sondern die Optik der Ziffern. Hier gilt: Für jeden Hohlraum gibt es einen Punkt. 1, 2, 3, 5 und 7 geben somit keine Punkte, 0, 6 und 9 sind einen Punkt wert, die 8 zwei. (Die vier taucht nicht auf, weil sie sich sowohl mit als auch ohne Hohlraum darstellen lässt, eine bloße Änderung des Schrifttyps könnte somit die Antworten ändern.)

45 Ich habe dazu auch selbst schon ausführlicher geschrieben, siehe Kast (2007).

46 Siehe z.B. Lee & Therriault (2013)

47 Der RAT erfordert vermutlich zuerst divergentes Denken (erst weitläufig assoziieren), dann aber konvergentes Denken (den einen passenden Begriff herauspicken). Obwohl man das divergente Denken traditionell am ehesten mit Kreativität verbunden hat, kann konvergentes Denken ebenfalls zu kreativen Resultaten führen, wie ja auch der RAT impliziert. Im Grunde müsste man auch IQ-Tests als Kreativitätstests im weiteren Sinne einstufen, da Intelligenz eine erhebliche Rolle für die meisten Formen der Kreativität spielt. Beliebt in dieser Hinsicht ist die Vorstellung eines bestimmten, kritischen Schwellenwerts: Demnach steigt die Kreativität mit zunehmender Intelligenz stetig – aber nur bis zu einem IQ von etwa 120 Punkten, danach verblasst die Korrelation, das heißt, weitere IQ-Punkte bringen jetzt für die Kreativität nicht mehr viel. Ich kann mir vorstellen, dass dieses für einige Disziplinen durchaus gilt (ein Maler braucht vermutlich keinen IQ von 180, um ein brillantes Gemälde hervorzubringen), während das in anderen Fachbereichen nicht der Fall ist (ein Mathematiker oder theoretischer Physiker profitiert wohl auch jenseits eines IQ von 120 noch von 30 Extrapunkten).

48 Die Lösungen: Fest, Gold, Wurm, Zimmer, Kuss.

49 Jarosz et al. (2012). Weiteres Beispiel: Eine Studie von Colflesh & Wiley (2013) zeigt, dass angetrunkene Testpersonen kleine Ver-

änderungen eines ansonsten gleichbleibenden Bilds schneller erkennen als eine nüchterne Kontrollgruppe. Bei dem Test sieht man rasch hintereinander zwei Bilder, wobei in einem der beiden Bilder ein »Detail« fehlt. Hier ein Beispiel (in diesem Fall gibt es gleich mehrere Veränderungen):

50 Die Antwort lautet: An Tag 59 (die Lilien verdoppeln sich in den nächsten 24 Stunden noch einmal und bedecken dann, am 60. Tag, den gesamten See).

51 Wieth & Zacks (2011)

52 Mehta & Zhu (2009). Eine neuere Studie deutscher Forscher ergab, dass vielmehr die Farbe Grün die Kreativität fördert, was allerdings zum hier formulierten Grundgedanken passt, da ja auch Grün (mit Assoziationen wie Natur, Wachstum, Glück und grünes Licht) zu den eher beruhigenden Farben gehört, siehe dazu: Lichtenfeld et al. (2012).

53 http://www.youtube.com/watch?v=ycrLE46w6tY

54 Dass es Kinderbücher werden, wusste sie zu dem Zeitpunkt noch nicht, siehe z.B. Fraser et al. (2001).

55 Kirk (2003), Gunelius (2008)

56 Gespräch mit Stephen Fry unter: http://www.mugglenet.com/jkr-royalalbert.shtml

57 Die Daten basieren auf Yeo et al. (2011), mit Dank an Christian Keysers für die Herstellung der Bilder.

58 Mason et al. (2007)

59 Ritter (2012), Kapitel 2

60 Takeuchi et al. (2012), Wei et al. (2014)

61 Siehe auch Wei et al. (2014) mit ersten Hinweisen darauf, dass

bereits ein kleines Kreativitätstraining die Kommunikation zwischen zwei Arealen des Offline-Netzwerks ankurbeln kann, zugleich demonstrieren die Testpersonen eine erhöhte Originalität.

62 Maguire et al. (2000)

63 Baird et al. (2012)

64 Baird et al. (2012)

65 http://www.theparisreview.org/interviews/2/the-art-of-fiction-no-182-haruki-murakami sowie ein Interview mit Murakami in der ZEIT vom 9. Januar 2014, S. 37–38 (online unter http://www.zeit.de/2014/03/haruki-murakami), siehe auch Currey (2013).

66 Kurzke (1999), Currey (2013)

67 Zitiert in Currey (2013)

68 Dass Wandern das kreative Denken stimuliert, hat sich auch experimentell bestätigt, siehe dazu z. B. Oppezzo & Schwartz (2014).

69 Currey (2013)

70 Schindler (1840)

71 Currey (2013)

72 Martindale & Hines (1975), Martindale & Hasenfus (1978), siehe auch Kapitel 7 von Colin Martindale in Sternberg (1999).

73 Für ein Review siehe Fink & Benedek (2014).

74 Fink & Neubauer (2006)

75 Fink et al. (2006)

76 Haarmann et al. (2012)

77 Cooper et al. (2003)

78 Vgl. Knyazev et al. (2011)

79 Diese, wie ich finde, interessante Alltagsbeobachtung stammt von den US-Kreativitätsforschern John Kounios und Mark Beeman, siehe z. B. Kounios & Beeman (2009).

80 In meinem Buch *Ich weiß nicht, was ich wollen soll* (2012) habe ich dazu ausführlicher geschrieben.

81 Atchley et al. (2012)

82 Hoff (2005)

83 White & Shah (2006)

84 White & Shah (2011), siehe auch Fugate et al. (2013).

85 http://www.macfound.org/programs/fellows/

86 Root-Bernstein (2009). Es gibt auch Beispiele für Genies der Vergangenheit, die solche hochelaborierten Phantasiewelten erfanden, Mozart etwa. Mozarts Schwester (»Nannerl«) berichtet, dass er, Mozart, »[…] während, dass wir von seinem Orte in den andern fuhren […] für sich selbst ein Königreich ersann, welches er Königreich Rücken nannte […]. Dieses Reich und dessen Einwohner wurden nun mit alledem begabt, was sie zu guten und fröhlichen […] Kindern machen konnte. Er war der König von diesem Reiche; und diese Idee haftete so in ihm, wurde von ihm so weit verfolgt, dass unser Bedienter, der ein wenig zeichnen konnte, eine Karte davon machen musste, wozu er ihm die Namen der Städte, Märkte und Dörfer diktierte.« Zitiert in: Solomon (2005).

87 Aus einem Brief an Carl Seelig, 11.3.1952, siehe http://www.library.ethz.ch/de/Ressourcen/Digitale-Kollektionen/Einstein-Online/Princeton-1933–1955

88 Ken Robinson (2010), siehe auch seinen köstlichen TED-Vortrag unter http://www.ted.com/talks/ken_robinson_says_schools_kill_creativity.html

89 Quelle unsicher, siehe z. B. http://simple.wikiquote.org/wiki/Pablo_Picasso#cite_note-5

90 Reinhardt (2010)

91 Siehe z. B. Ericsson et al. (1993), Kapitel 12 von Robert Weisberg in Sternberg (1999), Andrew Robinson (2010)

92 Andrew Robinson (2010)

93 Ericsson et al. (1993), Kapitel 12 von Robert Weisberg in Sternberg (1999)

94 Siehe dazu z. B. Kaufman (2013)

95 Solomon (2005)

96 Siehe Weisbergs Kapitel in Sternberg (1999), Ericsson et al. (2007)

97 Zitiert in Seelig (1960)

98 Zum Beispiel über einen Kompass, den ihm sein Vater zeigte, als er vier oder fünf Jahre alt war, siehe dazu Fölsing (1993).

99 Fölsing (1993)

100 Bonawitz et al. (2011)

101 Siehe dazu z. B. auch Kapur (2014)

102 Buchsbaum et al. (2011)

103 Feynman (2001)

104 Gleick (1993)

105 Gleick (1993)

106 Gleick (1993)

107 http://www.youtube.com/watch?v=Bgaw9qe7DEE

108 Für die Vatergeschichten siehe unter anderem: Feynman (1991), Feynman (2001). Es gibt auch eine schöne Richard-Feynman-Dokumentation von der BBC, siehe z.B. http://www.youtube.com/watch?v=Fzg1CU8t9nw

109 Ansari (2013)

110 Beispielsweise Ken Robinson http://www.ted.com/talks/ken_robinson_says_schools_kill_creativity.html, siehe auch http://www.ted.com/talks/sugata_mitra_build_a_school_in_the_cloud.html

111 Siehe z.B. Wieman & Perkins (2005), Figur 3

112 Allerdings nicht immer: Ein radikaler (und, wie ich finde, abwegiger) Vorschlag etwa besteht darin, Kindern einfach einen Computer in die Hand zu drücken und sie von da an in Ruhe zu lassen, siehe http://www.ted.com/talks/sugata_mitra_build_a_school_in_the_cloud.html

113 Für ein Review siehe Kirschner et al. (2006)

114 Siehe dazu als Review vor allem Lee & Anderson (2012), im weiteren Sinne auch Alfieri et al. (2011).

115 Kapur (2012), siehe auch Kapur (2014), einen informativen Vortrag von Manu Kapur findet man hier: http://www.youtube.com/watch?v=hC6wCrXOYvk

116 Schwartz et al. (2011), DeCaro & Rittle-Johnson (2012)

117 http://danotations.com/?s=chomsky

118 Für eine total unverständliche Insiderbeschreibung dazu, die dennoch ein grobes Gefühl für die Welt des Mathematikers und den strapaziösen, nervenaufreibenden Weg zu einem mathematischen Beweis gibt, siehe Villani (2013).

119 Mueller & Dweck (1998), Dweck (2007)

120 Siehe dazu auch Gunderson et al. (2013).

121 Dweck (2007)

122 Dweck (2007)

123 Mehr dazu in meinem Buch über Intuition: Kast (2007).

124 Siehe dazu auch meinen Text im *Tagesspiegel* unter: http://www.tagesspiegel.de/weltspiegel/gesundheit/die-logik-der-savanne/637 408.html

125 Wuchty et al. (2007)

126 http://wiki.answers.com/Q/How_many_people_did_it_take_to_make_avatar

127 Eine neue Studie offenbart, dass Testpersonen tatsächlich davon überzeugt sind, Toptalent würde die Teamleistung (z. B. beim Fußball) stetig steigern. Dies ist jedoch nur bis zu einem bestimmten Punkt der Fall: Beträgt der Anteil der Superstars in einer Fuß- oder Basketballmannschaft 50 Prozent, ist das Leistungsmaximum erreicht, von diesem Punkt an nimmt die Leistung mit immer weiteren Stars systematisch ab. Die Forscher sprechen vom »Too-Much-Talent-Effect«. Bezeichnenderweise gilt dieser Effekt spezifisch dort, wo die Teamleistung auf eine hohe gegenseitige Abhängigkeit der Spieler angewiesen ist, wie eben beim Fuß- oder Basketball, und nicht beim Baseball. Siehe Swaab et al. (im Druck).

128 Woolley et al. (2010)

129 Colom et al. (2004)

130 Sätze prüfen und sich das letzte Wort merken – auf diese Weise testet man die »Lesespanne«, was ein Beispiel von mehreren dafür ist, womit man das Arbeitsgedächtnis zu messen versucht. Statt Sätze kann man auch mathematische Gleichungen zur Prüfung anbieten, etwa: $(\frac{9}{3}) - 2 = 1$, »Erfolg«. Aufgabe: Kontrollieren Sie im Kopf, ob die Gleichung stimmt oder nicht, und merken Sie sich das anschließende Wort. Je mehr Wörter man sich unter diesen Umständen merken kann, desto besser ist wieder das Arbeitsgedächtnis. Siehe dazu z. B. Conway et al. (2005).

131 Baron-Cohen et al. (2001)

132 Wright et al. (2012)

133 Raskin & Terry (1988)

134 Nevicka et al. (2011)

135 Twenge et al. (2008)

136 Siehe zum Beispiel die Dokumentation *We Steal Secrets: The Story of Wikileaks* aus dem Jahr 2013 von dem US-Regisseur Alex Gibney.

137 Für eine differenzierte Auseinandersetzung mit Narzissten als Führungspersönlichkeiten siehe Grijalva et al. (im Druck).

138 Für Reviews siehe Stroebe et al. (2010) sowie Goldenberg & Wiley (2011).

139 Diehl & Stroebe (1991)

140 Siehe z. B. Oxley et al. (1996) und Offner et al. (1996)

141 Oxley et al. (1996)

142 Isaacson (2011)

143 Siehe auch https://www.youtube.com/watch?v=CXtsEhUwTmc

144 Isaacson (2011)

145 Isaacson (2011)

146 Vereinzelt tauchen historische Beispiele auf, die belegen, dass man schon länger über die Sache nachgedacht hat. Ein Autor meint, die berühmten Bell Labs in Murray Hill im US-Staat New Jersey hätten auch in dieser Hinsicht Pionierarbeit geleistet, siehe dazu Jon Gertner (2013). Gertner berichtet, dass die Mitarbeiter der Bell Labs oft sowohl ein Labor als auch ein Büro hatten, die sich teils in unterschiedlichen Korridoren befanden, was dafür sorgte, dass man sich zwischen beiden hin- und herbewegen musste, und das wiederum führte zu den gewünschten Zufallsbegegnungen.

147 Kabo et al. (2013)

148 Siehe den Report *A Tale of Two Buildings: Socio-Spatial Significance in Innovation* von Owen-Smith et al. (2012), zu finden unter http://www-personal.umich.edu/~jdos/research.html

149 Siehe dazu Sailer et al. (2012) unter http://discovery.ucl.ac.uk/1381761/

150 Allen & Henn (2007)

151 Allen & Henn (2007), Grafik 3–5

152 Zu den Vor- und Nachteilen von Großraumbüros siehe Davis et al. (2011).

153 Pentland (2012)

154 Siehe das Paper von Sailer & Penn (2007) unter http://discovery.

ucl.ac.uk/3499/ sowie den Vortrag von Kerstin Sailer unter http://www.youtube.com/watch?v=IpSNHW1olB4

155 E-Mail von Kerstin Sailer vom 26. Februar 2014, siehe auch Sailer (2014).

156 Meine Frau arbeitete dort.

157 Pentland (2012), siehe auch das Working Paper von Waber et al. (2010) unter http://papers.ssrn.com/sol3/papers.cfm?abstract_id=1586375 sowie Waber (2013)

158 http://www.imdb.com/name/nm0001877/awards?ref_=nm_awd

159 https://www.youtube.com/watch?v=HIPN38TEpBs

160 Berühmt wurde die Zahl 10000 durch den US-Autor Malcolm Gladwell, der in seinem Buch *Überflieger* schreibt: »10000 ist die magische Zahl des Erfolgs«.

161 https://www.youtube.com/watch?v=voytGLvtsy0

162 http://www.hans-zimmer.com/index.php?rub=news, siehe das Interview von Scott Feinberg (auch unter http://www.youtube.com/watch?v=5lIkrXdrbEU)

163 http://www.hurtwoodhouse.com/

164 Telefongespräch mit Richard Jackson am 17. März 2014 sowie die Dokumentation *Hans Zimmer – Der Sound für Hollywood* (2011), die auch auf Youtube zu sehen ist, z. B. hier http://www.youtube.com/watch?v=8cUtwIDgMHs

165 Telefongespräch mit Jackson am 17. März 2014.

166 Interview von Scott Feinberg, siehe oben

167 E-Mail von dem Komponisten und ehemaligen Mitarbeiter Hans Zimmers, Michael Levine, vom 23. Februar 2014.

168 Stanley Myers komponierte u. a. die Filmmusik zu Volker Schlöndorffs *Homo Faber* aus dem Jahr 1991.

169 Interview mit Zimmer unter http://www.youtube.com/watch?v=kc2ULuC--xw

170 Siehe z. B. Cheng & Furnham (2012)

171 Siehe z. B. Kim (2008), aber für interessante, teils widersprüchliche Ergebnisse dazu auch Jauk et al. (2013). Es ist natürlich vorstellbar, dass sich mit Hilfe einer breiten Palette von Tests die kreative Schaffenskraft einer Person bis zu einem gewissen Grad

vorhersagen ließe: Die Fähigkeit zum divergenten sowie zum konvergenten Denken, IQ, Durchhaltevermögen (was unter anderem auch das Finden der Nische wahrscheinlicher macht), Offenheit, Unabhängigkeit – wer all das und mehr erfasst, wäre eventuell in der Lage, eine Prognose abzugeben, obwohl ich immer noch skeptisch wäre, ob man aufgrund der Ergebnisse einer solchen Testbatterie einem Schüler wie Hans Zimmer eine große kreative Karriere bescheinigt hätte.

172 http://www.soundtracksandtrailermusic.com/2013/07/hans-zimmer

173 E-Mail von Michael Levine vom 22. Februar 2014.

174 Dieses sowie alle nachfolgenden Darwin-Zitate aus Darwin (1993)

175 Alle biographischen Informationen über und Zitate von Chandler stammen aus der lesenswerten Biographie von MacShane (1984/2009).

176 Ken Robinson (2010)

177 http://www.wired.com/wired/archive/4.02/jobs_pr.html

178 Artikel von Lev Grossman über Mark Zuckerberg im US-Magazin *Time*, 15. Dezember 2010

179 Zitiert in Grossmans *Time*-Artikel

180 Isaacson (2011)

181 Ein hervorstechender Forscher auf diesem Feld ist Gregory Feist von der San José State University in Kalifornien, siehe für eine gute Übersicht z. B. Feists Kapitel in Sternberg (1999).

Literatur

Alfieri, L. et al. (2011). Does discovery-based instruction enhance learning? Journal of Educational Psychology, 103, 1–18

Allen, T.J. & Henn, G.W. (2007). The organization and architecture of innovation. Taylor & Francis

Ansari, S. (2013). Rettet die Neugier! Fischer/Krüger

Atchley, A.A. et al. (2012). Creativity in the wild: Improving creative reasoning through immersion in natural settings. Plos One, 7, e51474

Bahns, A.J. et al. (2012). Social ecology of similarity: Big schools, small schools and social relationships. Group Processes Intergroup Relations, 15, 119–131

Baird, B. et al. (2012). Inspired by distraction: Mind wandering facilitates creative incubation. Psychological Science, 23, 1117–1122

Baron-Cohen, S. et al. (2001). The »reading the mind in the eyes« test revised version. Journal of Child Psychology and Psychiatry, 42, 241–251

Barry, D. (1993). Ein Amerikaner in Tokio. Eichborn

Bialystok, E. et al. (2009). Bilingual minds. Psychological Science in the Public Interest, 10, 89–129

Bialystok, E. et al. (2012). Bilingualism: Consequences for mind and brain. Trends in Cognitive Sciences, 16, 240–250

Bonawitz, E. et al. (2011). The double-edged sword of pedagogy: Instruction limits spontaneous exploration and discovery. Cognition, 120, 322–330

Boroditsky, L. et al. (2003). Sex, syntax, and semantics. In: Gentner, D. & Goldin-Meadow, S. (Hrsg.). Language in mind: Advances in the study of language and cognition. MIT Press

Buchsbaum, D. et al. (2011). Children's imitation of causal action sequences is influenced by statistical and pedagogical evidence. Cognition, 120, 331–340

Burt, R. S. (2004). Structural holes and good ideas. American Journal of Sociology, 110, 349–399

Chabris, C. & Simons, D. (2011). Der unsichtbare Gorilla. Piper

Cheng, H. & Furnham, A. (2012). Childhood cognitive ability, education, and personality traits predict attainment in adult occupational prestige over 17 years. Journal of Vocational Behavior, 81, 218–226

Cheng, S. & Xie, Y. (2013). Structural effect of size on interracial friendship. PNAS, 110, 7165–7169

Christakis, N. A. & Fowler, J. H. (im Druck). Friendship and natural selection. PNAS

Colflesh, G. J. H. & Wiley, J. (2013). Drunk, but not blind: The effects of alcohol intoxication on change blindness. Consciousness and Cognition, 22, 231–236

Colom, R. et al. (2004). Working memory is (almost) perfectly predicted by g. Intelligence, 32, 277–296

Colzato, L. S. et al. (2012). Meditate to create: The impact of focused-attention and open-monitoring training on convergent and divergent thinking. Frontiers in Psychology, 3, 1–5

Conway, A. R. A. et al. (2005). Working memory span tasks: A methodological review and user's guide. Psychonomic Bulletin & Review, 12, 769–786

Cooper, N. R. et al. (2003). Paradox lost? Exploring the role of alpha oscillations during externally vs. internally directed attention and the implications for idling and inhibition hypotheses. International Journal of Psychophysiology, 47, 65–74

Currey, M. (2013). Daily rituals: How artists work. Knopf

Cushen, P. J. & Wiley, J. (2011). Aha! Voila! Eureka! Bilingualism and insightful problem solving. Learning and Individual Differences, 21, 458–462

Darwin, Ch. (1993). Mein Leben. Insel

Davis, M. C. et al. (2011). The physical environment of the office: Contemporary and emerging issues. In: Hodgkinson, G. P. & Ford, J. K. (Hrsg.). International Review of Industrial and Organizational Psychology. Wiley

DeCaro, M. S. & Rittle-Johnson, B. (2012). Exploring mathematics problems prepares children to learn from instruction. Journal of Experimental Child Psychology, 113, 552–568

Diehl, M. & Stroebe, W. (1991). Productivity loss in idea-generating groups: Tracking down the blocking effect. Journal of Personality and Social Psychology, 61, 392–403

Ding, X. et al. (2014). Improving creativity performance by short-term meditation. Behavioral and Brain Functions, 10:9

Djikic, M. et al. (2013). Opening the closed mind: The effect of exposure to literature on the need for closure. Creativity Research Journal, 25, 149–154

Domingue, B. W. et al. (2014). Genetic and educational assortative mating among US adults. PNAS, 19. Mai, online, 1–5

Dweck, C. S. (2007). Selbstbild: Wie unser Denken Erfolge oder Niederlagen bewirkt. Piper

Ericsson, K. A. et al. (1993). The role of deliberate practice in the acquisition of expert performance. Psychological Review, 100, 363–406

Ericsson, K. A. et al. (2007). The making of an expert. Harvard Business Review, Juli-August, 1–7

Fee, A. & Gray, S. J. (2012). The expatriate-creativity hypothesis: A longitudinal field test. Human Relations, 65, 1515–1538

Feynman, R. P. (1991). Kümmert Sie, was andere Leute denken? Piper

Feynman, R. P. (2001). Es ist so einfach. Piper

Fink, A. et al. (2006). Divergent thinking training is related to frontal electroencephalogram alpha synchronization. European Journal of Neuroscience, 23, 2241–2246

Fink, A. & Neubauer, A. C. (2006). EEG alpha oscillations during the performance of verbal creativity tasks. International Journal of Psychophysiology, 62, 46–53

Fink, A. & Benedek, M. (2014). EEG alpha power and creative ideation. Neuroscience and Biobehavioral Reviews, 44, 111–123

Fleck, J. I. & Weisberg, R. W. (2004). The use of verbal protocols as data: An analysis of insight in the candle problem. Memory & Cognition, 32, 990–1006

Fölsing, A. (1993). Albert Einstein. Suhrkamp

Fraser, L. et al. (2001). Viel Zauber um Harry: Die Welt der Joanne K. Rowling. Carlsen

Fugate, C. M. et al. (2013). Creativity and working memory in gifted students with and without characteristics of attention deficit hyperactivity disorder. Gifted Child Quarterly, 57, 234–246

Gertner, J. (2012). The idea factory. Penguin

Gino, F. & Wiltermuth, S. S. (2014). Evil genius? How dishonesty can lead to greater creativity. Psychological Science, online, 1–9

Gleick, J. (1993). Richard Feynman: Leben und Werk des genialen Physikers. Droemer Knaur

Goldenberg, O. & Wiley, J. (2011). Quality, conformity, and conflict: Questioning the assumptions of Osborn's brainstorming technique. The Journal of Problem Solving, 3, 96–118

Grijalva, E. et al. (im Druck). Narcissism and Leadership: A meta-analytic review of linear and nonlinear relationships. Personnel Psychology

Gunderson, E. A. et al. (2013). Parent praise to 1- to 3-year-olds predicts children's motivational frameworks 5 years later. Child Development, 84, 1526–1541

Gunelius, S. (2008). Harry Potter: The story of a global business phenomenon. Palgrave Macmillan

Haarmann, H. J. et al. (2012). Remote associates test and alpha brain waves. The Journal of Problem Solving, 4, 66–93

Hoff, E. V. (2005). Imaginary companions, creativity, and self-image in middle childhood. Creativity Research Journal, 17, 167–180

Ingram, P. & Morris, M. W. (2007). Do people mix at mixers? Structure, homophily, and the »life of the party«. Administrative Science Quarterly, 52, 558–585

Isaacson, W. (2011). Steve Jobs. C. Bertelsmann

Jarosz, A. F. et al. (2012). Uncorking the muse: Alcohol intoxication facilitates creative problem solving. Consciousness and Cognition, 21, 487–493

Jauk, E. et al. (2013). The relationship between intelligence and creativity. Intelligence, 41, 212–221

Johnson, S. (2013). Wo gute Ideen herkommen. Scoventa

Kabo, F. et al. (2013). Shared paths to the lab: A sociospatial network analysis of collaboration. Environment and Behavior, online, 23. Juli

Kapur, M. (2012). Productive failure in learning the concept of variance. Instructional Science, 40, 651–672

Kapur, M. (2014). Productive failure in learning math. Cognitive Science, 38, 1008–1022

Kast, B. (2004). Die Liebe und wie sich Leidenschaft erklärt. S. Fischer

Kast, B. (2007). Wie der Bauch dem Kopf beim Denken hilft. S. Fischer

Kast, B. (2012). Ich weiß nicht, was ich wollen soll. S. Fischer

Kaufman, S. B. (2013). Ungifted: Intelligence redefined. Basic Books

Kim, K. H. (2008). Meta-analyses of the relationship of creative achievement to both IQ and divergent thinking test scores. Journal of Creative Behavior, 42, 106–130

Kirk, C. A. (2003). J. K. Rowling: A Biography. Greenwood

Kirschner, P. A. et al. (2006). Why minimal guidance during instruction does not work. Educational Psychologist, 41, 75–86

Knyazev, G. G. et al. (2011). The default mode network and EEG alpha oscillations. Brain Research, 1402, 67–79

Kounios, J. & Beeman, M. (2009). The aha! moment: The cognitive neuroscience of insight. Current Directions in Psychological Science, 18, 210–216

Kounios, J. & Beeman, M. (2014). The cognitive neuroscience of insight. Annual Review of Psychology, 65, 71–93

Kurzke, H. (1999). Thomas Mann. C. H. Beck

Lee, H. S. & Anderson, J. R. (2012). Student learning: What has instruction got to do with it? Annual Review of Psychology, 64, 445–469

Lee, C. S. & Therriault, D. J. (2013). The cognitive underpinnings of creative thought. Intelligence, 41, 306–320

Lehrer, J. (2014). Imagine! C. H. Beck

Lichtenfeld, S. et al. (2012). Fertile Green: Green facilitates creative performance. Personality and Social Psychology Bulletin, 38, 784–797

Macknik, S. L. & Martinez-Conde, S. (2011). Die Tricks unseres Gehirns: Wie die Hirnforschung von den großen Zauberern lernt.

MacShane, F. (1984/2009). Raymond Chandler. Diogenes

Maddux, W. W. & Galinsky, A. D. (2009). Cultural borders and mental barriers: The relationship between living abroad and creativity. Journal of Personality and Social Psychology, 96, 1047–1061

Maguire, E. A. et al. (2000). Navigation-related structural change in the hippocampi of taxi drivers. PNAS, 97, 4398–4403

Martindale, C. & Hines, D. (1975). Creativity and cortical activation during creative, intellectual and EEG feedback tasks. Biological Psychology, 3, 91–100

Martindale, C. & Hasenfus, N. (1978). EEG differences as a function of creativity, stage of the creative process, and effort to be original. Biological Psychology, 6, 157–167

Martínez, A. (2011). Science secrets. University of Pittsburgh Press

Mason, M. F. et al. (2007). Wandering minds: The default mode network and stimulus-independent thought. Science, 315, 393–395

Mehta, R. & Zhu, R. J. (2009). Blue or red? Exploring the effects of color on cognitive task performances. Science, 323, 1226–1229

Memmert, D. (2006). The effects of eye movements, age, and expertise on inattentional blindness. Consciousness and Cognition, 15, 620–627

Mueller, C. M. & Dweck, C. S. (1998). Praise for intelligence can undermine children's motivation and performance. Journal of Personality and Social Psychology, 75, 33–52

Nevicka, B. et al. (2011). Reality at odds with perception: Narcissistic leaders and group performance. Psychological Science, 22, 1259–1264

Offner, A. K. et al. (1996). The effects of facilitation, recording, and pauses on group brainstorming. Small Group Research, 27, 283–298

Oppezzo, M. & Schwartz, D. L. (2014). Give your ideas some legs: The positive effect of walking on creative thinking. Journal of Experimental Psychology: Learning, Memory, and Cognition, online, 21. April

Oxley, N. L. et al. (1996). The effects of facilitators on the performance of brainstorming groups. Journal of Social Behavior and Personality, 11, 633–646

Pentland, A. (2012). The new science of building great teams. Harvard Business Review, 90, 60–70

Proulx, T. & Heine, S.J. (2009). Connections from Kafka. Psychological Science, 20, 1125–1131

Proulx, T. et al. (2010). When is the unfamiliar the uncanny? Meaning affirmation after exposure to absurdist literature, humor, and art. Personality and Social Psychology Bulletin, 36, 817–829

Raskin, R. & Terry, H. (1988). A principal-components analysis of the narcissistic personality inventory and further evidence of its construct validity. Journal of Personality and Social Psychology, 54, 890–902

Reinhardt, V. (2010). Der Göttliche: Das Leben des Michelangelo. C.H. Beck

Ritter, S.M. (2012). Creativity: Understanding and enhancing creative thinking (Doktorarbeit)

Ritter, S.M. et al. (2012). Diversifying experiences enhance cognitive flexibility. Journal of Experimental Social Psychology, 48, 961–964

Robinson, A. (2010). Sudden genius? The gradual path to creative breakthroughs. Oxford University Press

Robinson, K. (2010). In meinem Element. Arkana

Root-Bernstein, M. (2009). Imaginary worldplay as an indicator of creative giftedness. In: Shavinina, L.V. (Hrsg.). International Handbook of Giftedness. Springer

Sailer, K. (2014). Organizational learning and physical space: How office configurations inform organizational behaviors. In: Berthoin Antal, A. et al. (Hrsg.). Learning Organizations. Springer

Schindler, A. (1840). Biographie von Ludwig van Beethoven. Aschendorff

Schnall, S. (1999). Life as the problem: Karl Duncker's context. From Past to Future: Papers on the History of Psychology, 1, 13–28

Schwartz, D.L. et al. (2011). Practicing versus inventing with contrasting cases: The effects of telling first on learning and transfer. Journal of Educational Psychology, 103, 759–775

Seelig, C. (1960). Albert Einstein. Europa

Segel, E. & Boroditsky, L. (2011). Grammar in art. Frontiers in Psychology, 1, 1–3

Simons, D. J. & Chabris, C. F. (1999). Gorillas in our midst: Sustained inattentional blindness for dynamic events. Perception, 28, 1059–1074

Solomon, M. (2005). Mozart: Ein Leben. Bärenreiter/Metzler

Sternberg, R. J. (Hrsg., 1999). Handbook of creativity. Cambridge University Press

Stroebe, W. et al. (2010). Beyond productivity loss in brainstorming groups. Advances in Experimental Social Psychology, 43, 157–203

Swaab, R. I. et al. (im Druck). The Too-Much-Talent-Effect: Team interdependence determines when more talent is too much versus not enough. Psychological Science

Tadmor, C. T. et al. (2012). Getting the most out of living abroad. Journal of Personality and Social Psychology, 103, 520–542

Takeuchi, H. et al. (2012). The association between resting functional connectivity and creativity. Cerebral Cortex, 22, 2921–2929

Twenge, J. M. et al. (2008). Egos inflating over time: A cross-temporal meta-analysis of the narcissistic personality inventory. Journal of Personality, 76, 875–901

Villani, C. (2013). Das lebendige Theorem. S. Fischer

Waber, B. (2013). People analytics. Pearson Education/FT Press

Wei, D. et al. (2014). Increased resting functional connectivity of the medial prefrontal cortex in creativity by means of cognitive stimulation. Cortex, 51, 92–102

White, H. A. & Shah, P. (2006). Uninhibited imaginations: Creativity in adults with attention-deficit/hyperactivity disorder. Personality and Individual Differences, 40, 1121–1131

White, H. A. & Shah, P. (2011). Creative style and achievement in adults with attention-deficit/hyperactivity disorder. Personality and Individual Differences, 50, 673–677

Wieman, C. & Perkins, K. (2005). Transforming physics education. Physics Today, November, 36–41

Wieth, M. B. & Zacks, R. T. (2011). Time of day effects on problem solving: When the non-optimal is optimal. Thinking & Reasoning, 17, 387–401

Woolley, A. W. et al. (2010). Evidence for a collective intelligence factor in the performance of human groups. Science, 330, 686–688

Wright, N. D. et al. (2012). Testosterone disrupts human collaboration by increasing egocentric choices. Proceedings of the Royal Society B, 279, 2275–2280

Wuchty, S. et al. (2007). The increasing dominance of teams in production of knowledge. Science, 316, 1036–1039

Yeo, B. T. T. et al (2011). The organization of the human cerebral cortex estimated by intrinsic functional connectivity. Journal of Neurophysiology, 106, 1125–1165

Bildnachweis

Sina Bartfeld, Houten: S. 24, 66, 69

Bas Kast, Houten/Christian Keysers, Amsterdam: S. 91

Bas Kast, Houten: S. 167

John O'Neill: S. 239

Peter Palm, Berlin: S. 183, 210

Simone Ritter/Jeroen Derks, Nijmegen: S. 24

Kerstin Sailer, London: S. 188, 189

Schiller Design Frankfurt/Andreas Berger: S. 10, 32, 33, 42, 44, 46, 52, 54, 77, 193, 203, 212

Der Autor und der S. Fischer Verlag danken allen Rechteinhabern für die freundliche Abdruckgenehmigung. Sollten darüber hinaus weitere Ansprüche bestehen, so bitten wir die Inhaber der Rechte, dies dem Verlag mitzuteilen.

Danksagung

Mein besonderer Dank gilt: Sina, den vielen Forschern, auf die ich mich berufe, die meine Fragen beantwortet und/oder ihre Labortüren für mich geöffnet haben, vor allem jedoch Professor Dr. Christian Keysers, schließlich Nina Sillem, Familie Wewetzer und Bernd. Die verbleibenden Fehler und Schwächen haben vielleicht auch damit zu tun, dass ich nicht immer auf sie gehört habe.

Personen- und Sachregister

(fett hervorgehobene Seitenzahlen verweisen auch auf Abbildungen)

Bas Kast
Die Liebe
und wie sich Leidenschaft erklärt
Band 16198

Die Liebesformel!
· Warum verlieben Sie sich?
· Was macht uns attraktiv?
· Wie verführt man?
· Was ist das Geheimnis glücklicher Paare?

Alles, was die Wissenschaft über die Liebe weiß: Bas Kast
hat die neuesten Erkenntnisse über das schönste Gefühl der
Welt zusammengefügt. Er erklärt uns die Logik der Liebe
und bringt uns so dem großen Glück ein Stück näher.

»Wissenschaft und Liebe, ein Gegensatz an sich? Nicht
unbedingt. Dieses Buch zeigt, dass es auch anders geht.
Einfühlsam erklärt der Autor alles, was die Forschung
über das Schönste aller Gefühle weiß: vom Flirt über die
Leidenschaft bis zur langjährigen Beziehung.«
Die Welt

Fischer Taschenbuch Verlag

Bas Kast
Wie der Bauch dem Kopf beim Denken hilft
Die Kraft der Intuition
Band 17451

Schlummert in jedem von uns ein kleines Genie, begraben unter unserer viel beschworenen Vernunft? Wie können wir unsere ungenutzten kreativen Kräfte entdecken und nutzen? Basierend auf den neuesten wissenschaftlichen Erkenntnissen zeigt Bas Kast, Wissenschaftsjournalist und Autor den Bestsellers ›Die Liebe und wie sich Leidenschaft erklärt‹, wie sehr die Gefühle integraler Bestandteil unseres Denkens sind. Wenn wir unsere irrationalen Seiten kennen und zu Rate ziehen, kommen wir selbst bei komplexesten Entscheidungen zu guten Ergebnissen.

»Das Buch ist intelligenter
Wissenschaftsjournalismus […].«
Deutschlandradio Kultur

Das gesamte Programm gibt es unter
www.fischerverlage.de

Bas Kast
Ich weiß nicht, was ich wollen soll
Warum wir uns so schwer entscheiden können
und wo das Glück zu finden ist

Band 19192

Wir haben alle Chancen der Welt, wir können an der Erfüllung unserer Wünsche arbeiten wie nie zuvor – warum tun sich trotzdem viele von uns so schwer mit der Liebe und dem Leben? Was steckt dahinter? Der Psychologe und Bestsellerautor Bas Kast fügt zusammen, was die unterschiedlichsten wissenschaftlichen Disziplinen – von der Psychologie, Hirnforschung, Soziologie bis hin zu den Politik- und Wirtschaftswissenschaften – zur Qual der Wahl und unserer rasenden Wohlstandsgesellschaft herausgefunden haben. Ein Buch voller überraschender Einsichten über uns und den Zustand der Welt, in der wir leben.

»Ein unterhaltsamer Entwurf zu der Frage,
warum wir es uns oft so unnötig schwer machen.«
Gehirn und Geist

»Gegen den zunehmenden Schwindel im Kopf.«
Philosophie Magazin

Fischer Taschenbuch Verlag